쇼펜하우어의
행복 수업

The original work "The Essays of Arthur Schopenhauer: the Wisdom of Life" by Arthur Schopenhauer, translated into English by T. Bailey Saunders, is in the public domain.
This Korean translation is based on the English translation by T. Bailey Saunders, first published in the 1890s and widely recognized as the authoritative English translation of Schopenhauer's "Aphorismen zur Lebensweisheit"(1851).

Korean translation copyright ⓒ 2025 by UI Books
All rights reserved for the Korean translation.

이 책의 한국어판 저작권은 유아이북스에 있습니다.
저작권법에 의해 한국 내에서 보호를 받는 저작물이므로
무단 전재와 무단 복제를 금합니다.

쇼펜하우어의
행복 수업

행복을 버려야 행복해진다

쇼펜하우어 지음 | 오광일 옮김

유아이북스

쇼펜하우어의 철학과 사상

―

　쇼펜하우어의 철학을 처음 접하는 사람은 그의 철학이 다소 냉소적이고 감정적이며 허무적이라고 생각한다. 하지만 그는 현실과 세계를 가장 객관적으로 바라보았고, 우리에게 가장 지혜롭게 살 수 있는 방법을 소개한 철학자이다. 쇼펜하우어는 삶은 고통이며, 그 고통의 원인은 우리에게 존재하는 욕망 때문이라고 보았다. 그는 삶의 어두운 면을 철저하게 폭로하면서 세상과 인생에 대한 가장 현실적인 통찰을 모색했다. 뿐만 아니라 우리를 고통에서 벗어나게 해줄 수 있는 방법도 탐구했다.

　그렇다면 삶의 고통에서 벗어나려면 어떻게 해야 할까? 쇼펜하우어는 말한다. 철저히 절망해야 비로소 고통에서 벗어난다고! 그런데 그가 말하는 절망은 파멸로 이끄는 절망이 아니다. 우리의 삶에 모순이 있음을 깨닫고 절망함으로써 새로운 가치가 태어나므로 위대한 절망이다. 그래서 쇼펜하우어의 절망은 희망을 모색하는 절망이기도 하다.

이러한 쇼펜하우어 철학의 근본 사상은 칸트의 인식론과 플라톤의 이데아론, 베다의 범신론과 염세주의를 하나로 결합한 것이다. 그는 살고자 하는 의지를 근본 사상으로 삼았으며, 투쟁과 고통으로 가득 차 있는 세상에서 플라톤의 이데아를 체득함으로써 일시적인 해탈을 할 수 있고, 본질적인 해탈은 오직 살고자 하는 의지를 부정하는 열반(Nirvana)으로 얻을 수 있다고 주장했다.

쇼펜하우어는 인간 존재가 이성과 합리적인 판단 능력을 갖고 질서정연한 삶을 살아간다는 기존 철학의 주장을 정면으로 거부하고, 인간을 움직이는 실질적인 동력은 삶을 보존하려는 맹목적이고도 무의식적인 '의지'라고 주장했다.

쇼펜하우어가 가장 중요시하는 의지의 세계는 살아 있는 자연의 세계이다. 생물이 태어나고 자라며 번식하는 생명 현상의 본질을 그는 의지라고 주장했다. 인간은 이러한 자연의 의지를 자신의 자연이라 할 수 있는 '몸'

으로 직접 경험하고, 그로 인해 온갖 충동과 본능, 욕망이 생기게 된다.

이러한 자연의 의지를 자각하는 인간은 자신을 위해 모든 것을 욕구하게 된다. 결국 인간의 삶은 끊임없는 욕구로 관철되기 때문에 고통으로 가득할 수밖에 없다. 따라서 인간은 욕구를 일으키는 의지를 부정하고 초연한 삶을 살아야 고통에서 벗어날 수 있다. 이것이 바로 쇼펜하우어가 주장하는 '인생론'이다.

쇼펜하우어의 이러한 사상은 철학의 주류보다는 비주류에 속한 사람들에게 영향을 많이 끼쳤다. 쇼펜하우어의 사상은 문학이나 오페라의 소재가 되어 자주 등장했으며, 프랑스의 마르셀 프루스트와 앙드레 지드, 독일의 토마스 만 등에게 큰 영향을 끼쳤다. 프리드리히 니체는 쇼펜하우어가 윤리와 예술의 심층적인 문제를 다루는 진정한 철학자라고 평가했으며, 솔직하게 표현한 보기 드문 사상가이며 멋진 글쓰기의 전형을 보여준다고 칭찬했다. 분석심리학의 창시자 카를 융은 자신의 자서전에서 쇼펜하우어에 대해 이렇게 평가했다.

"헤겔은 마치 자신의 언어구조 속에 갇혀 그 감옥에서

―――――

쇼펜하우어의 사상은 문학이나 오페라의 소재가 되어 자주 등장했으며,
프랑스의 마르셀 프루스트와 앙드레 지드,
독일의 토마스 만 등에게 큰 영향을 끼쳤다.

거드름을 피우는 몸짓으로 돌아다니고 있는 사람처럼 보였다. 쇼펜하우어는 눈에 보이도록 여실히 우리를 둘러싸고 있는 고통과 고난에 대해서 처음으로 이야기한 사람이었다."

쇼펜하우어의 영향을 가장 크게 받은 분야는 문학계이다. 러시아의 소설가인 톨스토이, 이반 투르게네프, 도스토옙스키, 프랑스의 작가 마르셀 프루스트, 에밀 졸라 그리고 독일 작가 토마스 만, 헤르만 헤세, 프란츠 카프카, 영미권 작가인 토마스 하디 등은 자신들의 창작에 쇼펜하우어의 사상이 큰 도움이 되었다고 말했다.

《the Wisdom of Life》는 어떤 책?

―――

　《the Wisdom of Life》는 인간의 행복과 삶의 의미에 대한 아르투어 쇼펜하우어의 통찰을 담아낸 에세이이다. 《쇼펜하우어의 행복 수업》은 《the Wisdom of Life》를 쉬운 우리말로 옮긴 책이다. 'the Wisdom of Life'는 우리말로 '삶의 지혜'인데, 삶을 질서 있게 정돈하여 즐거움과 성공을 이루는 기술을 의미한다. 한마디로 '행복학' 또는 '행복론'이라 할 수 있는데, 이 책은 쇼펜하우어 특유의 지혜와 통찰로 행복하게 사는 법을 소개하고 있다.

　쇼펜하우어가 살아 있을 당시에는 그에게 '염세주의자, 허무주의자, 비관주의자'라는 부정적인 꼬리표가 붙었지만 사실 그는 누구보다 인생을 사랑했고 인간을 사랑했던 철학자였다. 그는 이 세상은 고통과 불행으로 가득하며, 인간의 행복은 그 고통과 불행을 얼마나 줄이

느냐에 달려 있지, 행복으로 충만한 세계는 현실이 아닌 상상 속에서나 가능하다고 주장했다. 이 세상이 결코 아름답지 않고, 인간이 결코 합리적이지 않다는 것을 인정하고 인간과 세상을 바라보아야 비로소 답을 구할 수 있다고 말했다.

이 책은 물질적 성공이나 외적 조건이 아니라 내면의 평온과 자족을 통해 진정한 행복을 찾을 수 있음을 강조하며, 삶의 가치와 지혜를 철학적으로 성찰하고 있다. 쇼펜하우어는 우리가 삶이 허무하며 고통스럽다고 느끼는 이유에 대해 명료하게 설명하며, 삶을 어떻게 이해하고 살아가야 하는지에 대한 실용적인 지혜를 건네고 있다. 또한 인간이 추구하는 명예와 지위, 재산 등 외적 가치들이 진정한 행복을 보장해 주지 못한다는 점을 일깨우며 삶의 본질을 내면, 즉 마음에서 찾아야 한다는 점을 강조했다. 또 남에게 잘 보이려고 인생을 낭비하지 말고 마부가 말을 길들이듯 자기 마음을 길들여야 행복에 이를 수 있다고 말하고 있다.

이 책은 일상에서 적용할 수 있는 실천적 교훈을 담고 있어, 오늘날을 살아가는 독자들에게도 여전히 유익한

남에게 잘 보이려고 인생을 낭비하지 말고 마부가 말을 길들이듯
자기 마음을 길들여야 행복에 이를 수 있다.

책이다. 고통과 불안 속에서 어떻게 평온을 유지할 수 있을지 고민하는 사람들에게, 쇼펜하우어 특유의 삶의 지혜를 선사할 것이다.

편집자 씀

수업을 시작하기 전에

당신은 지금 행복한가?
행복하다고 착각하고 있는 것은 아닌가?

이 책(《the Wisdom of Life》)의 원서 제목인 'the Wisdom of Life(삶의 지혜)'는 삶을 질서 있게 정돈하여 가능한 많은 즐거움과 성공을 이루는 기술을 의미한다. 한마디로 '행복학'이라고 할 수 있는데, 행복하게 사는 방법을 가르치기 때문이다.

우리의 삶은 아마도 '순수하게 객관적인 관점에서 바라보는 것'으로 정의될 수 있겠지만 오히려 '차분하게 바라봐야 하고 성숙한 반성이 따르는 것'으로 정의될 수도 있다. 우리의 삶은 지극히 주관적인 것들이 포함할 수밖에 없기 때문이다. 하지만 우리가 삶으로서 존재하는 것은 존재하지 않는 것보다 확실히 더 좋다. 우리는 삶을 위해 존재하고, 이러한 삶의 '의지'로 인해 죽음에 대한 두려움을 넘어서기도 한다. 즉, 삶은 '우리의 존재가 사라지지 않는 것'을 말한다.

그렇다면 인간의 삶이 존재의 개념과 일치할 가능성이 있는가? 행복학적인 가설에서는 이 질문에 대해 긍정적인 답을 내놓아야 한다. 하지만 나는 이 질문에 대해 대체로 부정적이다.

이 책에서는 형이상학적이고 윤리적인 관점을 완전히 버릴 것이다. 대신 일상생활에서 우리가 흔히 갖는 일반적인 관점과 그 밑바탕에 깔려 있는 우리의 착각을 파헤치고자 한다. 그런 의미에서 어쩌면 이 책은 '행복'과는 거리가 먼 책으로 느껴질 수도 있을 것이다. 사실 '행복학'이라는 말 자체가 완곡어법(말하는 사람이 듣는 사람에게 거슬리는 상황을 직접 표현하지 않고 덜 공격적이고 동의할 만한 표현을 사용하는 방법)이기 때문이다. 이 책에서 나는 완벽한 행복에 이를 수 있다고 주장하지도 않을 것이다. 행복에 대해서는 완벽한 결론을 내릴 수 없기 때문이다. 그렇게 하지 않으면 다른 사람들이 이미 말한 것들을 반복하는 것에 그칠 것이다.

일반적으로 지혜로운 사람들은 시대를 막론하고 통용되는 가르침을 주지만, 절대적인 다수를 차지하는 어리석은 사람들은 항상 자신들만의 방식으로 생각하고 행동한다. 결국 지혜로운 사람들의 말과는 정반대로 움직인다. 이런 현상은 앞으로도 계속될 것이고, 볼테르가 말한 대로 이 세상은 어리석고 사악한 채로 그대로 남아 있을 것이다. 마치 우리가 처음 왔을 때 본 것처럼.

지은이 아르투어 쇼펜하우어(Arthur Schopenhauer)

차례

쇼펜하우어의 철학과 사상 · *4*

《the Wisdom of Life》는 어떤 책? · *9*

수업을 시작하기 전에 _당신은 지금 행복한가? 행복하다고 착각하고 있는 것은 아닌가? · *13*

1교시   행복이란 무엇인가?

내면이 풍요로워야 진짜 행복하다 · *24*

주관이 객관을 결정한다 · *28*

우리는 의식의 한계 안에 갇혀 있다 · *29*

타고난 본성의 한계 · *33*

2교시 나의 의미, 나는 어떤 사람이 될 것인가?

명랑함이야말로 최고의 축복 · 43

건강이 행복의 90%를 결정한다 · 46

타고난 기질의 영향 · 51

극단적인 우울의 위험성 · 56

매력의 가치 · 58

고통과 지루함 사이를 오가는 인간 · 60

바보와 천재의 차이 · 65

카드 게임에 담긴 인간의 본성 · 68

여가시간은 삶의 꽃이자 열매 · 71

고독 속에서 진정한 행복을 발견하라 · 77

세 가지 즐거움의 근원 · 82

군중의 삶과 지성인의 삶 · 87

내적 중심이 있는 삶과 없는 삶 · 91

진정한 자유인의 모습 · 95

필리스틴, 속물들의 특징 · 100

3교시   나에게 주어진 것, 나는 무엇을 소유하는가?

재산과 욕망의 상대성 · *110*

돈에 대한 불편한 진실 · *112*

재능과 자본의 차이 · *114*

가난에 대한 두려움의 역설 · *117*

재산의 진정한 가치 · *119*

4교시 나의 위치, 나는 어디에 있는가?

Section 1. 평판, 마음의 허영이 만드는 그림자 · *129*

    내부와 외부의 차이 · *132*

    잘못된 삶의 목표 · *138*

    허영심의 뿌리 · *141*

    허영심이 만든 극단적 사례 · *143*

    마음의 평화를 위한 선택 · *147*

Section 2. 자긍심, 자랑스러워 하는 마음 · *151*

    자긍심에 대한 편견 · *153*

    국가에 대한 자존심 · *155*

    진정한 개별성의 가치 · *158*

Section 3. 지위, 나에게 붙은 딱지 · *159*

Section 4. 명예, 지켜야 하는 마음 · *162*

Section 5. 명성, 얻어야 하는 마음 · *182*

수업을 마치며_남에게 잘 보이려고 인생을 낭비하지 마라 · *188*

옮긴이의 말 · *191*

주석 · *194*

{ 1교시 }

행복이란 무엇인가?

The Essays of

Arthur Schopenhauer:

the Wisdom of Life

아리스토텔레스^(주석1)는 삶의 행복을 세 가지 종류로 나누었다. 외부에서 오는 행복, 영혼에서 오는 행복 그리고 육체에서 오는 행복이다. 이런 기준으로 보면 우리 삶의 행복은 이 세 가지 종류로 정리될 수 있다.

　나는 어떤 사람인가? 가장 넓은 의미에서의 자아를 말한다. 건강, 용기, 매력, 기질, 도덕성, 지성, 교육 등이 여기에 포함된다.

　나는 무엇을 가지고 있는가? 즉, 내가 가진 모든 종류의 소유물을 말한다.

　다른 사람들은 나를 어떻게 평가하고 있는가? 이것은 내가 다른 사람들에게 어떻게 보이는지를 의미한다. 동료들의 눈에 어떻게 보이는지, 다른 사람들이 나를 어떻게 생각하고 있는지를 말한다. 이것은 다른 사람들의 의견을 통해 나타난다. 그 의견은 나에게 주어지는 명예, 지위, 평판의 모습으로 드러난다.

　나는 어떤 사람인가? 첫 번째 범주에 해당하는 것들은 자연적으로 타고난 것들일 수 있다. 자연이 우리에게 부여한 것들이기 때문이다. 이 사실만으로도 자연적으로 발생하는 차이들이 사람들의 행복과 불행에 영향을 줄 수 있다고 볼 수 있다. 그런 의미에서 우리가 태어나면서 자연적으로 타고난 것들은 두 번째와 세 번째 질문의 범주에 속하는 것들보다 더 생생하고 근본적이다. 두 번째와 세 번째에 속하는 것들 중에는 인간에 의해 결정되는 것이 많기 때문이다.

내면이 풍요로워야 진짜 행복하다

　탁월한 지성이나 감성은 본질적으로 우리 안에 있어야 하는 가장 중요한 덕목이다. 그에 비해 지위나 특권들은 무대 위에서 인위적으로 꾸며진 모습과 같다. 우리 내면의 진실을 보여주는 것은 아니기 때문이다. 초기 에피쿠로스 학파(헬레니즘 시대에 발생하여 전기 로마 시대까지 성행한 철학의 한 유파. 철학자 에피쿠로스가 처음 만들어서 에피쿠로스 학파라고 한다. 쾌락주의를 추구하는데, 이때 말하는 쾌락주의는 우리가 생각하는 물질적으로 풍요로운 상태가 아니라 '신체에 고통이 없는 상태'를 말한다.)의 메트로도로스는 오래전에 같은 의미로 이렇게 말했다.

"우리 스스로 안에서 얻는 행복은 우리의 배경에서 얻는 행복보다 더 크다."(주석2)

인간의 행복에서 가장 중요한 요소는 무엇인가? 삶의 전체적인 흐름에서 무엇이 그 사람을 구성하고 있는지가 중요하다. **한 사람의 내면은 그 사람의 감각, 욕망 그리고 생각으로 구성되는데, 이것이 바로 만족 또는 불만족을 좌우하는 직접적인 요소이다.** 반면 주변 환경은 중간 매개체로서 간접적인 영향을 줄 뿐이다. 그렇기 때문에 동일한 외부 사건이나 상황이 모든 사람들에게 똑같은 영향을 주지 못한다. 그래서 완전히 비슷한 환경에서도 사람들은 서로 다른 세계, 자신만의 세계에서 살고 있는 것이다.

　사람은 자신의 생각, 감정, 자유 의지를 즉각적으로 인식한다. 외부세계는 이런 것들에 생명을 불어넣을 수 있을 때에만 사람에게 영향을 줄 수 있다. 한 사람이 살고 있는 세상은 그 사람이 세상을 바라보는 방식에 의해 결정된다. 따라서 각자의 세상은 사람마다 다를 수밖에 없다. 어떤 이에게는 세상이 척박하고, 지루하며, 피상적이다. 하지만 또 다른 이에게 세상은 풍부하며, 흥미롭고, 의미로 가득할 수도 있다.

　다른 사람의 삶에서 흥미로운 사건들이 일어나는 것을 보고 부러워하는 사람들이 많은데, 그런 사람들은 자신의 삶에서도 그런 일이 일어나기를 바란다. 하지만 부러워해야 할 것은 흥미로운 사건들이 아니라 이런 사건들에 의미를 부여하는 정신적인 능력이다. 사람들은 이러한 진실을 완전히 잊고 있는 것 같다. **탁월한 정신 능력을 가진 사람에게는 수많은 사건들이 흥미롭고 모험적인 경험이 되지만, 흐리멍텅한 정신을 가진 사람에게는 그저 지루한 일상에 지나지 않는다.**

　이런 현상은 괴테(독일의 시인, 소설가, 극작가)와 바

―――

한 사람이 살고 있는 세상은
그 사람이 세상을 바라보는 방식에 의해 결정된다.

이런(영국의 시인)의 시에서 두드러지게 나타난다. 이들은 실제 사실을 바탕으로 시들을 썼기 때문이다. 시인들의 삶에 즐거운 일이 많이 일어났다고 부러워하는 것은 참으로 어리석다. 우리가 부러워해야 할 것은 그런 것이 아니라, 평범한 경험을 의미 있고 아름다운 것으로 바꿀 수 있는 탁월한 상상력이다.

주관이 객관을 결정한다

낙천적인 사람에게는 흥미로운 갈등으로 보이는 사건이 우울한 사람에게는 비극이 될 수도 있다. 그리고 냉정한 사람에게는 무의미한 것처럼 보일 수도 있다. 이런 점에서 우리가 무언가를 바라볼 때는 주체와 객체라는 두 가지 요인이 상호작용한다는 것을 알아야 한다. 그래야 현실에서 일어나는 사건을 제대로 평가할 수 있기 때문이다.

이 두 요인은 물을 구성하는 산소와 수소처럼 긴밀하게 연결되어 있다. 어떤 사건이나 경험에 대한 객관적

또는 외부적 요인은 실제로 일치할 수 있다. 하지만 그 요인에 대한 주관적 또는 개인적 평가는 다양할 수 있다. 그렇게 되면 다른 사람들의 눈에는 전혀 다른 사건처럼 보일 수 있다. 심지어 객관적인 요인들조차도 무시되고 제멋대로 사건을 왜곡할 수도 있다. 세상에서 가장 아름답고 뛰어난 대상도 그저 보잘것없는 것이 되고, 때때로 형편없는 평가를 받기도 한다. 마치 아름다운 풍경이 흐린 날씨에 가려져 잘 보이지 않는 것과 같고, 고장 난 사진기 안에 비친 풍경과 같다.

우리는 의식의 한계 안에 갇혀 있다

우리는 의식이 정하는 한계 안에 갇혀 있고, 그 한계를 넘어설 수도 없다. 우리의 몸을 덮고 있는 살갗의 두께만큼도 뚫고 나오지 못하는 것과 같다. 그래서 외부의 도움은 우리에게 그다지 쓸모가 없다.

연극 배우는 무대에서 다양한 모습으로 등장할 수 있다. 왕이나 장관으로, 하인이나 군인 등으로 말이다. 하

연극 배우는 무대에서
왕, 장관, 하인, 군인 등 다양한 모습으로 등장한다.

지만 이것은 그저 외적인 모습의 변화일 뿐이지, 내적 현실은 변하지 않는다. 바로 자신의 삶에 대한 모든 불안을 짊어지고 있는 가여운 배우일 뿐이기 때문이다.

우리의 삶에서도 마찬가지다. 신분과 재산의 차이는 각자가 맡아야 할 역할을 부여한다. 하지만 이러한 차이 때문에 내적인 만족과 즐거움에 차이가 생기는 것은 결코 아니다. 여기에서도 본질은 동일하다. 우리 모두는 고통과 어려움을 겪고 있는 가여운 존재이다. 이 모든 경우가 서로 다른 원인에서 비롯된다. 하지만 그 본질적인 성질은 다르지 않다. 정도의 차이가 있을 뿐이다. 어떤 사람에게 따르는 역할, 신분, 재산과는 관계가 없다.

<u>사람에게 일어나는 모든 일들은 마음 안에서만 존재하고 발생한다. 따라서 마음의 체계와 구성이 가장 중요하다.</u> 바보 같은 사람의 아둔한 마음속에도 세상의 모든 자랑거리와 행복이 담길 수 있을 것이다. 하지만 세르반테스(스페인의 소설가)가 감옥 안에서 『돈키호테』를 쓸 때의 상상력과 비교하면 자기 자신이 정말로 보잘것없다고 느낄 수밖에 없다.

삶과 현실의 절반은 외부에 존재하며 상황에 따라서

―――

신분과 재산의 차이 때문에 내적인 만족과 즐거움에
차이가 생기는 것은 결코 아니다.

다양한 모습으로 나타난다. 나머지 절반은 본질적으로 변하지 않고 항상 같은 모습을 유지하는 주관적인 우리 자신이다.

타고난 본성의 한계

그래서 사람의 삶은 외부 환경이 아무리 많이 변하더라도 동일한 특징이 나타난다. 하나의 본질적인 특징이 다양한 모습으로 드러나는 것과 같다. **어느 누구도 자신의 개별적인 본성을 초월할 수는 없다.** 이것이 자연이 정한 한계이고 어떤 상황에서도 그 안에 머물러야 한다.

반려동물을 예로 들어보자. 반려동물에게 행복을 만끽하게 해주기 위한 우리의 노력은 언제나 그들의 본성의 범위 안에서 이루어져야 한다. 그래야 그들이 우리의 노력을 느낄 수 있다. **사람도 마찬가지다. 우리가 얻을 수 있는 행복의 크기는 각자의 개별적인 본성에 의해 결정된다.** 특히 지적인 능력은 고차원적인 행복의 양을 결정한다. 만약 이러한 본질적인 능력이 부족한 사람이라면 어떨까? 어떤 외부적인 도움을 받더라도 평범한 수준을 넘어서는 행복과 즐거움을 느낄 수 없다.

주변 사람들이나 심지어 운명조차도 그를 위해 해줄 수 있는 것이 그리 많지 않다. 이처럼 결핍된 사람이 느낄 수 있는 것은 거의 동물적인 것들뿐이다. 이런 사람은 감각적인 욕구, 수준 낮은 사람들과의 교류, 저속한 취미를 선호할 뿐이다. 교육으로도 이런 본질적인 한계성을 뛰어넘을 수 없다.

아마도 젊음에서 흘러넘치는 육체적 기운을 만끽하는 사람은 결코 인정하지 않겠지만, **가장 수준 높고 다채로우면서도 오래 지속되는 즐거움은 정신적인 즐거움이다.**

정신적인 즐거움은 주로 마음의 힘에 달려 있다. **행복은 우리의 자아, 즉 우리가 어떤 존재인지에 따라 결정된다.**

운이나 운명은 우리가 무엇을 가지고 있는가 또는 외부의 평가를 의미할 뿐이다. 이런 의미에서 우리의 상황은 나아질 수 있다. 우리가 내면적으로 풍요롭다면 상황을 개선하기 위해 많은 것이 필요하지는 않기 때문이다.

반면에 내면적으로 빈약한 사람은 아름다운 천국에 있더라도 마지막 순간까지 어리석은 사람으로 남는다. 그래서 괴테는 『서동시집』에서 이렇게 말했다. **"삶의 높낮이에 상관없이 그 사람의 개별적인 본성이 행복의 가장 큰 요인"**이라고.

> 민중, 하인, 그리고 정복자
> 그들은 언제나 자백한다.
> 이 세상의 아이들이 가진 최고의 행복은
> 오직 개별적인 본성뿐이다.

{ 2교시 }

나의 의미,
나는 어떤 사람이 될 것인가?

The Essays of

Arthur Schopenhauer:

the Wisdom of Life

가지고 있는 재산 또는 사람들에 의한 평가보다 나는 어떤 사람인지가 더 의미가 있다는 것을 이미 살펴봤다. 나는 어떤 사람이고, 내 안에 무엇이 있는지는 항상 중요하다. 우리의 개성은 모든 경험에 색깔을 더하면서 완성되기 때문이다.

<u>우리는 살면서 다양한 것들을 경험하지만, 그것들을 즐기는 것은 우리 자신에게 달려 있다.</u> 육체적인 즐거움이 우리 자신에게 달려 있다는 것에 대해서는 말할 필요도 없이 대부분 동의할 것이다. 하지만 그보다 중요한 지적인 즐거움 역시 우리 자신에게 달려 있다는 진실을 알고 있는 사람이 많지는 않은 것 같다.

예를 들어, "enjoy one's self"라는 영어 표현은 아주 인상적이면서도 적절한 표현이다. 왜 그런지 한번 보

자. "그는 파리에서 즐거운 시간을 보낸다"라는 의미로 "He enjoys Paris"라고 말하지 않고 "He enjoys himself in Paris"라고 한다. "그 사람은 파리를 즐긴다"가 아니라, "그 사람은 파리에서 자신을 즐긴다"라고 하는 것이다.

마음이 건강하지 못한 사람에게는 아무리 즐거운 일들이 생겨도 마치 쓸개로 만든 와인을 입에 가득 머금고 있는 것과 같고, 그 사람의 인생은 쓴맛으로 가득할 것이다. 그래서 <u>**인생에서 어떠한 길흉화복이 일어나느냐보다는 그것들을 어떻게 맞이하느냐가 더 중요하다**</u>. 결국, 인생을 마주하는 자세는 우리 자신 안에 있는 감수성의 종류와 깊이에 달려 있는 것이다.

그래서 '나는 어떤 사람이고 내 안에는 무엇이 있는가'가 중요하다. 즉 한마디로 말하면 자아 또는 개성이라고 할 수 있다. <u>**건강한 자아는 행복에 이르게 하는 직접적이고 즉각적인 유일한 요인이다**</u>. 다른 모든 것들은 간접적이고 그 영향이 희석되거나 약해질 수 있다. 하지만 우리 중에는 자아가 건강하지 못한 사람들이 많다. 그래서 다른 사람의 재능과 업적에 대한 시기심을 극복하는

"그는 파리에서 즐거운 시간을 보낸다"라는 의미로
"He enjoys Paris"라고 말하지 않고
"He enjoys himself in Paris"라고 한다.

것은 참으로 어렵다. 이런 시기심은 종종 선의라는 가면 뒤에 가장 치밀하게 숨겨져 있다.

게다가 우리의 의식은 모든 행위에서 지속적으로 존재한다. 마찬가지로 개개인의 개별적인 본성은 삶의 매 순간마다 반복적으로 작동한다. 그 외에 우리의 삶에 영향을 주는 다른 요인들은 일시적이며 부차적이고 순간적이라서 모든 종류의 우연과 변화에 취약하다. 그래서 아리스토텔레스는 "지속하는 것은 재물이 아니라 본성이다"[주석3]라고 말한 것이다. 똑같은 이유로 우리는 마음 안에서 생기는 불행보다 외부에서 오는 불행을 더 잘 견딜 수 있다. 운명은 항상 변할 수 있지만, 우리의 본성은 그렇지 않기 때문이다.

고귀한 성품, 유능한 두뇌, 즐거운 기질, 밝은 정신, 건강한 육체 같은 주관적인 축복들이 행복에 이르게 하는 가장 중요한 요인들이다. 한마디로 '건강한 몸에 건강한 정신'이라고 할 수 있다. 그래서 우리 자신의 외부에 존재하는 재물과 명예를 차지하기보다는 이러한 내적인 자질들을 키우고 지키기 위해 더 집중해야 한다.

명랑함이야말로 최고의 축복

 이 모든 것들 중에서 **우리를 가장 직접적으로 행복하게 만드는 것은 건강한 영혼이 유쾌하게 흐르는 것이다.** 이러한 특별한 자질은 그 자체로 직접적인 보상이 된다. 명랑하고 즐거운 사람은 항상 이유가 있다. 바로 영혼 자체가 유쾌하기 때문이다.

 다른 모든 축복들을 상실할 수도 있지만 그 상실감을 채울 수 있는 것은 바로 명랑한 영혼뿐이다. 만약 젊고 잘생기고 부유하면서 존경까지 받는 사람을 알고 있다면 이렇게 물어보자.

 "당신은 행복합니까? 당신은 즐겁고 유쾌합니까?"

 그렇다고 대답한다면 그 사람이 젊든 늙었든, 등이 굽었든 곧게 펴 있든, 가난하든 부유하든 무슨 상관이 있을까? 그는 그냥 행복하다.

 젊은 시절에 낡은 책을 펼쳤다가 우연히 이런 말을 찾았다.

 "많이 웃으면 행복한 것이다. 많이 울면 불행한 것이다."

―――――
많이 웃으면 행복한 것이다.
많이 울면 불행한 것이다.

지극히 당연하고 간단한 말이지만 아직까지도 기억에 남아 있다. 왜 잊히지 않을까? 바로 그 단순 명료함 때문이다.

그러니까 명랑함이 문을 두드린다면 우리는 그 문을 활짝 열어줘야 한다. 명랑함은 항상 적절한 때에 찾아온다. 하지만 우리는 명랑함을 마음속에 받아들이는 것을 종종 주저하기도 한다. 만족하는 기분을 느끼기 위한 이유가 있어야 한다고 생각하기도 하고, 명랑한 마음이 진지한 성찰을 방해할까 봐 걱정하기도 한다.

하지만 **명랑함은 직접적이면서 즉각적인 이익을 준다. 은행에 맡겨 놓은 수표와 달리 바로 지금 이 순간에 행복을 주는 현금과 같다.** 그래서 명랑함을 느끼는 것은 행복을 추구하는 모든 노력 중에서 가장 첫 번째 목표가 되어야 한다. 특히 우리처럼 찰나의 순간을 사는 사람들에게는 가장 큰 축복이다.

건강이 행복의 90%를 결정한다

명랑함의 문은 재물이 넘치는 것보다 건강해야 열리는 법이다. 그것은 시골에 사는 사람들의 얼굴을 보면 알 수 있다. 명랑하고 만족스러워하는 얼굴은 바로 하층민, 즉 노동자 계층의 얼굴이 아닐까? 부자나, 권력자 등 이른바 상류층에 속한다는 사람들의 얼굴에서 더 많은 불만족과 짜증이 보이지 않나?

우리는 가능한 높은 수준의 건강을 유지해야 한다. 명랑한 마음이 꽃이라면 건강은 꽃 중의 꽃이기 때문이다. 건강해지기 위해 어떻게 해야 하는지는 말할 필요도 없을 정도로 여러분은 잘 알고 있을 것이다. 모든 종류의 과도함을 피해야 한다. 폭력적이고 불쾌한 감정을 피하고 정신적으로도 과도하게 긴장하는 일은 피하는 게 좋겠다. 야외에서 매일 운동하고 찬물로 목욕하는 것이 좋다. 매일 적정한 양의 운동을 하지 않으면 건강을 유지할 수 없다. 직접적으로 관련된 장기들뿐만 아니라 몸 전체의 생명력을 유지하기 위한 모든 과정에는 운동이 필요하다. 그래야 적절한 기능을 수행할 수 있다.

명예와 지위, 재산 등 외적 가치들은
진정한 행복을 보장해 주지 못한다.

"생명력은 움직이는 것이다"라는 아리스토텔레스의 말은 이러한 진실을 정확하게 꿰뚫고 있다. 생명체의 모든 장기는 쉬지 않고 빠르게 움직인다. 복잡한 수축과 이완 운동을 하는 심장은 강하게 쉼 없이 뛰면서 동맥과 정맥 그리고 모세혈관을 통해 몸 전체에 피를 공급한다. 폐는 마치 증기기관처럼 쉴 새 없이 공기를 뿜어낸다. 장이 계속 움직이며 지속적으로 영양분을 흡수하고 소화시키는 것도 마찬가지다. 심지어 두뇌도 심장이 뛰고 우리가 숨을 쉴 때마다 스스로 운동을 한다.

  하지만 앉아서 생활해야만 하는 경우도 많이 있다. 운동을 전혀 할 수 없는 경우에는 몸 밖으로 무기력함이 흐른다. 이런 무기력함은 끊임없이 움직이고 있는 내부의 모습과는 대조적이다. 결국 몸의 안팎에서 심각하고 치명적인 불균형이 생길 수밖에 없다. 그래서 우리 신체 내부의 끊임없는 운동에 상응하는 외부 활동이 필요한 것이다. 만약 이런 활동이 결핍되면 감정이 억압받게 된다. 나무도 바람에 흔들리면서 성장한다. 이런 작용을 간결하게 표현하는 라틴어 표현이 여기 있다.

  "모든 움직임은 빠를수록 더욱 강렬해진다."

운동을 전혀 할 수 없으면 몸 밖으로
무기력함이 흐른다.

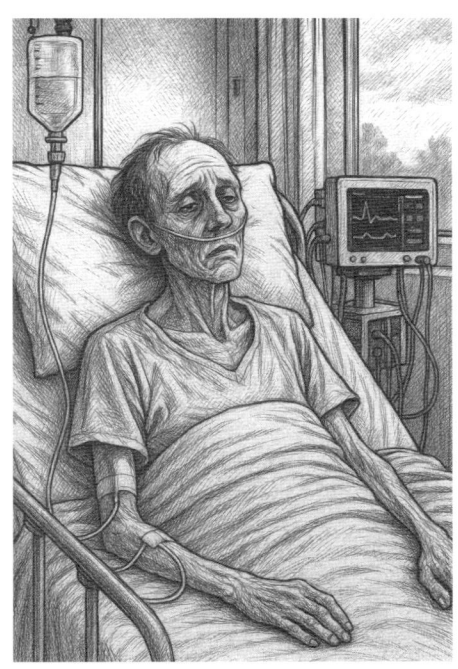

움직임의 속도가 증가할수록 그 강도가 커진다는 의미다. 우리 몸속에서 끊임없이 생명 유지 활동이 벌어지는 것처럼 우리 몸도 계속 움직여야 건강해진다.

행복은 우리의 마음에 달려 있고, 마음 또한 우리의 건강 상태에 따라 영향을 받는다. 이는 외부 환경이나 사건이 우리의 마음에 어떻게 영향을 미치는지를 보면 알 수 있다. 똑같은 사건이 발생하더라도 몸과 마음의 건강 상태에 따라서 미치는 영향이 다르기 때문이다.

어떤 사건이나 현상의 객관적인 모습 자체가 아니라, 그것들을 바라보는 방식에 따라서 행복해질 수도 있고 불행해질 수도 있다. 에피테토스(로마 제국 시대에 그리스에서 활동한 스토아 학파 철학자)는 "사람은 사물에 영향을 받는 것이 아니라 사물에 대한 생각에 의해 영향을 받는다"고 말했다.

그리고 대개는 건강 상태만으로도 우리 행복의 90%는 결정된다. **건강하면 모든 것이 즐겁지만, 건강을 잃으면 아무것도 즐겁지 않다.** 심지어 개인이 가진 특별한 능력이나 기질조차도 건강을 잃으면 그 가치가 희미해지고 보잘것없어진다. 그래서 사람들이 서로 만날 때마다 인삿말로 서로의 건강을 물어보고 건강을 기원하는 것은 참으로 당연한 일이다. 건강이야말로 인간의 행복에서 가장 중요한 요소이기 때문이다.

이 모든 것들을 고려해 보면, 재물, 출세, 학업, 명성 등을 얻기 위해 건강을 희생하는 것은 가장 어리석은 일이다. 특히 감각적인 쾌락을 위해 건강을 희생하는 것은 정말로 부질없는 짓이다. 그 어떤 것도 건강보다 앞설 수 없다는 것을 명심하자.

타고난 기질의 영향

건강한 영혼은 우리의 행복을 위해 필수적이고, 건강한 몸은 우리의 영혼이 원활하게 흐르는 데 많은 기여를 할 수 있다. 하지만 건강이 아무리 많은 기여를 하더라도 영혼을 건강하게 만드는 것은 전적으로 신체적 건강에만 달려 있는 것은 아니다.

신체적으로는 완벽할 정도로 건강하지만 기질적으로 우울한 사람이 있는데, 이런 사람은 슬픈 생각에 빠질 수 있다. 이런 현상이 나타나는 궁극적인 원인은 타고났기 때문에 바꿀 수 없는 기질에서 찾을 수 있다. 이러한 사람들은 특히 근육과 생명력에 대해 예민한데, 비정상적으로 예민하면 마음의 균형이 깨지고 우울감에 빠지게 된다. 전반적으로 우울감에 젖은 상태에서 주기적으로 발작하는 것이다.

천재는 대체로 신경 에너지가 넘쳐나거나 감수성이 풍부한 사람이다. "철학, 정치, 시, 예술에서 뛰어난 사람들은 모두 우울한 기질을 지닌 것처럼 보인다"라고 말한 아리스토텔레스(주석4)의 관찰은 아주 정확하다. 이는 키케로(고대 로마 공화정 말기의 정치가, 변호사, 웅변가, 문학가, 철학자)가 마음속에 두었다가 자주 인용한 말이다.

"아리스토텔레스는 모든 천재들은 우울하다고 말한다."(주석5)

셰익스피어(영국의 극작가)는 우리가 본질적으로 다양한 기질을 타고났다는 것을 『베니스의 상인』에서 다음과 같이 깔끔하게 표현했다.

자연은 때때로 이상한 사람들을 만들어냈다.

몇몇 사람들은 언제나 눈을 흘기면서 쳐다본다.
백파이프 소리에 앵무새처럼 깔깔대는 사람들도 있고
아주 심술궂은 사람들도 있다.
이들은 웃을 때에 이를 보이지 않는다.
네스토르가 재밌는 농담이라고 말해도.

플라톤(고대 그리스의 철학자)은 그리스어 유콜로스와 디스콜로스의 차이를 날카롭게 밝혀냈다. 즉 편안한 사람과 어려운 기질의 사람을 구분 지을 수 있다는 것이다. 플라톤에 의하면 사람들마다 즐거움과 고통을 느끼는 민감도가 다르다고 한다. 그렇기 때문에 다른 사람에게는 절망적일 수 있는 것에 웃는 사람도 있다는 것이다.

일반적으로 불쾌한 것들에 대한 민감도가 강할수록, 즐거운 것들에 대한 민감도는 약해진다. 그 반대의 경우에도 마찬가지다. 어떤 사건이 잘될 가능성과 나쁘게 될 가능성이 동일하다고 가정해 보자.

유콜로스는 상황이 안 좋아도 걱정하거나 초조하지

않다. 마찬가지로 일이 잘되면 기뻐한다. 나쁜 것에 대한 민감도는 낮지만, 좋은 것에 대한 민감도는 높기 때문이다.

디스콜로스는 상황이 좋지 않을 경우에 짜증내거나 우울해질 것이다. 상황이 좋아져도 기쁘지 않다. 나쁜 것에 대한 민감도는 높지만, 좋은 것에 대한 민감도는 낮기 때문이다.

열 가지 일 중에서 아홉 개를 성공했는데도 기뻐하지 않고 실패한 하나 때문에 화가 나는 사람이 있다. 반면에 단 하나만 성공했는데도 그 사실에 위안을 삼으면서 기쁜 사람도 있는 것이다.

하지만 여기에 아이러니한 반전이 있다. 우울하고 불안한 기질이 있는 사람들이 극복해야 하는 불행과 고통은 대부분 상상에 의해 만들어진 것들이다. 천진난만한 사람들에게 닥치는 불행은 현실에서 실제로 일어나는 것들이라면, 우울한 기질의 사람들에게 닥치는 불행은 실제로 발생하지 않았는데도 불행해질지도 모른다는 상상 때문에 만들어진 것들이다. 즉, 일어나지 않을 수도 있는데도 두려워하는 것이다.

우울한 기질의 사람들에게 닥치는 불행은
실제로 발생하지 않았는데도
불행해질지도 모른다는 상상 때문에 만들어진 것들이다.

하지만 모든 것에 지나치게 낙천적인 사람이 바람직하다는 말은 아니다. 기대가 크면 실망이 클 수밖에 없다. 모든 것에 암울한 색을 칠하고 항상 최악의 상황을 걱정하고 대비하는 사람은 항상 밝은 면을 바라보는 사람보다는 세상에 대해 실망할 일이 적을 것이다.

극단적인 우울의 위험성

그리고 선천적으로 우울한 기질을 타고나 신경계나 소화기관에 이상이 있으면 그 영향력이 더 커진다. 지속되는 우울감은 삶에 대한 피로감을 느끼게 할 정도로 커진다. 결국 아주 사소한 일에도 힘들어하다가 행복하지 않다는 이유로 자신의 존재를 스스로 마감하겠다고 결심하고, 차갑고 단호하게 실행에 옮길 수 있다.

이런 고통을 받는 사람은 자신을 감시하지 못하는 첫 번째 순간을 잡기 위해 간절히 기다리다가 무방비의 순간에 주저함이나 떨림이 없이 스스로를 해방시킬 수 있는 자연스러운 방법을 사용한다.(주석6)

심지어 가장 건강한 사람, 아마도 아주 명랑한 사람조차도 어떤 상황에서는 죽음을 결심할 수도 있다. 예를 들면, 그 사람이 받고 있는 고통을 피할 수 없을 것 같아서 불행에 대한 두려움을 피하고자 죽음에 대한 공포를 잊는 경우가 있다.

유일한 차이는 그런 치명적인 행위를 유발하기 위해 필요한 고통의 정도이다. 명랑한 사람에게는 고통의 정도가 작을 것이고 우울한 사람에게는 클 것이다. 우울감이 클수록 낮은 고통의 수준에도 위험해질 수 있는 것이다.

하지만 몸과 마음이 모두 건강하고 명랑한 사람은 더 높은 수준의 고통이 필요하다. 자살이라고 하는 스펙트럼의 양끝에는 아주 극단적인 모습이 자리하고 있다. 한쪽 끝에는 타고난 우울이 병적으로 강화되면서 발생하는 자살이 있고, 다른 한쪽 끝에는 건강하고 명랑하지만 자신의 존재를 스스로 끝낼 아주 객관적인 근거가 있는 자살이 있다. 그리고 이 둘 사이에는 셀 수 없이 많은 단계가 있다.

매력의 가치

매력은 개인적인 장점으로 보일 수도 있지만 정확하게 말하면 우리의 행복에 직접적으로 기여하지는 않는다. 다른 사람들에게 좋은 인상을 주는 방식으로 간접적으로 영향을 준다는 면에서 어느 정도는 중요하다고 할 수 있다.

매력은 공개된 추천장과 같다. 우리는 매력적인 사람에게 호감이 생기기도 한다. 호메로스(고대 그리스의 시인)의 이 시에 잘 표현되어 있듯이 매력이라는 선물은 가볍게 버릴 수 있는 것이 아니다. 신들만이 부여할 수 있는 영광스러운 선물이기 때문이다.

"이것들은 신들의 선물이다. 신들이 부여하지 않으면 어느 누구도 줄 수 없는"(주석7)

―――――

우리는 매력적인 사람에게 호감이 생기기도 한다.

고통과 지루함 사이를 오가는 인간

고통과 지루함은 인간의 행복을 위협하는 적이라고 알려져 있다. 운이 좋아서 그중 어느 하나에서 멀어지더라도 나머지 하나가 기다리고 있다고 말할 수도 있겠다. 사실 우리의 삶은 이 둘 사이를 다소 격렬하게 왔다 갔다 하는 모습을 보인다.

그 이유는 이 둘이 양극단에서 서로에 대해 이중적인 적대 관계에 있기 때문이다. 궁핍한 환경과 가난은 삶에 고통을 주지만, 지나치게 부유한 삶은 지루하다. 따라서 하층민은 결핍, 다른 말로 하면 고통과 끊임없이 싸우지만, 상류층의 사람들은 지루함과 필사적인 전투를 벌인다.[주석8] 이런 적대 관계는 고통과 지루함이 서로 반비례한다는 사실에서 발생한다. 고통과 지루함을 느끼는 민감도는 정신적인 능력에 비례하는데, 설명을 들어보자.

일반적으로 무딘 마음은 무딘 감각과 관련이 있다. 즉, 자극이 신경에 영향을 미치지 못하는 것이다. 자극이 아무리 크고 끔찍하더라도 기질적으로 통증이나 불안을 크게 느끼지 못할 수도 있다.

———

사람들이 시간을 허비하고, 온갖 종류의 사치를 추구하는 것은
영혼이 공허하기 때문이다.

지적으로 무딘 사람의 영혼에는 공허함이 바닥에 흐르고, 얼굴에 그대로 드러난다. 외부세계의 모든 사소한 것들에 의해 마음이 흩어지는 상태에 처한다. 이것이 지루함의 진정한 근원이다.

그래서 이런 사람들은 공허한 마음과 영혼을 채우기 위해 반복적으로 흥분을 좇는 것이다. 이런 목적으로 선택하는 것들은 그렇게 특별하지도 않다. 지루함을 참기 위해 비루한 여가시간을 보낸다. 사람들을 만나서 떠들며 시간을 보낼 궁리만 한다. 문지방 앞에서 수다를 떨거나 창문 밖으로 입을 크게 벌리고 떠드는 것이다.

사람들이 이렇게 시간을 허비하고, 온갖 종류의 사치를 추구하는 것은 영혼이 공허하기 때문이다. 내적인 풍요, 즉 풍요로운 마음은 이러한 공허함에 대항하기 위한 훌륭한 보호막이다. 내적인 풍요가 커질수록 지루함이 차지할 공간은 줄어들기 때문이다.

우리에게는 지치지 않고 끊임없이 이어지는 사고력이 필요하다. 자연의 다채로운 현상에 몰두할 새로운 소재를 찾는 것, 그런 재료들을 새롭게 조합하고 그럴 준비를 하는 것이 마음에 활력을 불어넣어 준다. 쉬는 시간 이외에는 지루함의 손아귀로부터 자유로워질 수 있다.

이러한 높은 수준의 사고력은 높은 수준의 감수성, 더 강한 의지와 열정에서 나온다. 이러한 특성들을 결합할 수 있을 때 감성의 용량은 커질 수 있다. 우리의 생동감 있는 사고력은 모든 불쾌한 것들을 수용할 수 있다. 예를 들면, 정신과 육체에 가해지는 고통뿐만 아니라, 부족한 인내심과 분노 같은 것들까지도 말이다.

이러한 사고력의 확장은 순진무구한 바보부터 가장 위대한 천재에 이르기까지 지성의 모든 단계에 다양하게 적용될 수 있다. 우리는 객관적인 세계를 주관적인 세계에 가능한 한 일치시키려는 경향이 있다. 다시 말하면, 우리에게 영향을 줄 수 있는 외부 조건들에 대해 가장 강력한 조치를 취하는 것이다.

그래서 **지혜로운 사람은 무엇보다도 고통과 골칫거리로부터의 자유, 조용함과 여유, 그 결과 사람들과의 만남을 최소화하는 고요하고 겸손한 삶을 추구한다.** 이른바 동료라고 불리는 사람들을 뒤로하고 은거한다. 위대한 지성의 소유자라면 고립된 삶을 취하기도 한다.

───────

헨리 데이비드 소로는 자연과 더불어 살면서
고통과 골칫거리로부터 벗어나 자유를 누리며 살았다.

우리가 내적으로 많은 것을 가지고 있으면 타인에게 바라는 것도 줄어든다. 그래서 높은 지성의 소유자가 사교적이지 못한 것이다. 만약 지성의 질이 양으로 보충될 수 있다면 얼마나 좋을까? 불행하게도 바보가 백 명이 모인다고 해서 지혜로운 사람이 되지는 않는다.

바보와 천재의 차이

홀로 남은 사람들은 자기 자신에 의존해서 살아야 하는데, 고통과 지루함이라는 저울의 반대쪽 끝에 서 있는 사람은 궁핍함의 고통에서 벗어나면 오락과 사교활동을 추구한다. 그렇다 보니, 자신의 내부에 가지고 있는 것이 밖으로 드러날 수밖에 없다. 바보가 아무리 멋진 옷을 입더라도 내적인 빈약함이 채워질 수는 없다.

하지만, 재능이 있는 사람은 홀로 남은 자리를 생기 있는 생각들로 가득 채운다. 세네카(고대 로마의 철학자, 극작가)는 "어리석음은 그 자체로 짐이다"라고 선언했다. 이는 아주 진실된 말이다. 시라크의 아들 예수는 "어리

석은 자의 삶은 죽음보다 더 나쁘다"고 말했는데, 서로 통하는 말이다.^(주석9)

"모든 어리석음은 그 자체의 혐오로 짐이 된다."

대체로 지적으로 빈곤하고 천박한 사람들이 더 사교적이다. 지적으로 빈곤하고 천박할수록 사람들과 어울리기를 좋아하기 때문이다. 이러한 사람들의 한쪽 끝에는 고독, 다른 한쪽 끝에는 천박함이 자리 잡고 있으며 선택은 그 사이에서 이루어진다.

뇌는 생명체에 붙어서 사는 일종의 기생충이다. 몸통에 붙어서 연금을 받으면서 살고 있다고 말할 수도 있겠다. 그리고 우리의 지성 또는 개성이 자유롭게 놀 수 있는 여가시간은 뇌를 제외한 나머지 부분들의 노동으로 만들어낸 열매다.

이렇게 지적으로 천박한 사람들의 여가시간에는 무엇이 도사리고 있을까? 바로 지루함과 아둔함이다. 물론 감각적인 쾌락에 사로잡히면 지루함이 잠시 사라지기도 한다. 이들이 여가시간을 보내는 방식을 보면 시간을 얼마나 낭비하고 있는지를 알 수 있다. 아리오스토(르네상스 시대의 이탈리아 시인)가 말한 대로 무지한 사람들의 게으른 시간은 참으로 비루하다.

'무지한 사람들의 한가한 시간!"

평범한 사람들은 그저 시간을 어떻게 보낼지를 생각하지만 재능이 있는 사람은 시간을 어떻게 활용할지를 고민한다. 지성이 부족한 사람들은 쉽게 지루함을 느끼는데, 그것은 바로 그들의 지성이 의지의 원동력을 작동시키는 수단에 불과하기 때문이다.

그래서 의지를 움직이게 하는 어떤 특별한 것이 없으면 의지는 작동하지 않고 그들의 지성도 개점휴업 상태가 되는 것이다. 결국 이들의 지성은 의지와 마찬가지로 외부적인 자극이 있어야만 작동한다. 결과적으로 우리가 가진 모든 힘이 끔찍한 정체상태에 빠지게 된다. 한마디로 지루함에 빠지는 것이다. 이런 비참한 감정에 대응하기 위해 사람들은 순간적인 즐거움을 제공하는 사소한 활동에 몰두한다. 의지를 자극하고 지성이 작동할 것이라고 바라면서 말이다.

카드 게임에 담긴 인간의 본성

 의지를 일으키는 데 영향을 미치는 것은 결국 지성이다. 실질적이고 자연스러운 동기와 비교해서 보면, 이런 사소한 자극들은 임의적인 가치를 가진 종이돈에 불과하다. 카드 게임은 실질적인 가치 없이 이런 목적으로 만들어졌다.

 그래서 할 일이 없으면 엄지손가락을 돌리거나 초조하게 탁자를 두드리는 것을 볼 수 있다. 아니면 뇌를 작동시키는 대신에 담배를 피우기도 한다. 이럴 때 담배가 대체재가 되는 것은 흔한 일이다.

 모든 나라에서 카드 게임[주석10]을 사교 행위의 하나로 하고 있는데, 사고력이 파산했다는 것을 보여주는 외적인 신호이기도 하다. 생각해야 할 '생각'이 없기 때문에 카드를 돌리고 서로의 돈을 따려고 애쓴다. 정말로 멍청이들이다.

―――――
온갖 종류의 속임수와 거짓을 총동원해서
남이 소유한 것을 빼앗는 것이 카드 게임의 목적이다.

그럼에도 불구하고 카드 게임을 잠깐 옹호해 볼까 한다. 나는 편파적인 사람이 되고 싶지 않기 때문이다. "카드 게임을 하는 것은 사회생활과 사업을 준비하는 것"이라고 말하는 사람들도 있다. 예를 들면, 우연에 의해 발생하지만 변경할 수 없는 상황을 영리하게 이용해서 최대한 많은 것을 얻어내는 법을 배울 수도 있다는 것이다. 이렇게 하기 위해서는 위장이나 은폐도 할 줄 알아야 하고, 안 좋은 일에도 좋은 척하는 표정도 지을 줄 알아야 한다.

하지만 바로 이러한 이유 때문에 사람들이 타락하는 것이다. 온갖 종류의 속임수와 거짓을 총동원해서 남이 소유한 것을 빼앗는 것이 카드 게임의 목적이기 때문이다. 카드 게임을 하면서 이렇게 생겨난 버릇이 몸에 깃들고 우리의 삶에까지 스며든다.

일상에서 점점 '나의 것'과 '남의 것'을 카드 게임과 비슷한 개념으로 받아들이기 시작하고, 법적으로 문제가 되지 않는 선에서 자신의 이익을 최대치로 끌어올리려고 노력한다. 이런 예는 상업적인 활동에서 흔히 일어난다.

여가시간은 삶의 꽃이자 열매

 그래서 **나만의 여가시간이 필요하다. 여가시간은 삶에서 꽃, 아니 오히려 열매라고 할 수 있다.** 우리는 여가시간을 통해 우리 자신을 온전히 소유할 수 있기 때문이다. 그런 의미에서 자기 자신 안에 있는 진실된 무엇인가를 온전히 소유하는 사람은 참으로 행복하다.

 그런데 대부분의 사람들은 여가시간에 무엇을 얻고 있나? 끔찍한 지루함에 찌든 채로 스스로에게 짐만 되는 밥벌레 같은 인간이 되어 있을 뿐이다. 그러니 사랑하는 형제 여러분, 기뻐하자. 우리는 노예의 후예가 아니라 자유인의 후예라는 것을!

 부유한 나라는 다른 나라에서 수입할 게 없거나 수입을 할 필요가 없다. 마찬가지로 **내적으로 풍요로운 사람이 행복한 이유는 외부의 도움이 없어도 삶을 유지할 수 있기 때문이다.** 의존성 안에는 위험이 도사리고 있을 뿐만 아니라 번거롭기도 하다. 결국 비싸고 품질도 떨어지는 수입품으로 우리 내부에 있는 자산을 대신할 뿐이니까.

여가시간은 삶에서 꽃, 아니 오히려 열매라고 할 수 있다.

우리는 타인 또는 외부 세계에 많은 것을 기대하지 말아야 한다. 한 사람이 다른 사람에게 어떤 존재가 될 수 있는지는 그리 중요하지 않다. 우리는 홀로 존재할 수 있어야 하고, 결국 누가 홀로 서 있느냐가 중요하다. 여기에서 우리는 모든 일에 있어서 자신에게 호소해야 한다는 보편적인 진리를 깨닫는다. 괴테도 『시와 진실』 제3권에서 이를 인정했다. 골드스미스(영국의 소설가)는 그의 저서 『여행자』에서 이렇게 표현했다.

"우리는 우리가 처한 모든 곳에서 행복을 찾거나 행복해져야 한다."

<u>우리가 찾을 수 있는 행복의 근원은 마음속에 있는 우리 자신이다.</u> 이러한 성취의 근원이 클수록, 자기 안에서 기쁨을 찾을수록 더 행복해질 수 있다.

"행복하다는 것은 <u>스스로 만족하는 것이다</u>"라는 아리스토텔레스^(주석11)의 말은 큰 울림이 있는 진실이다. 다른 곳에서 행복을 찾는 것은 본질적으로 아주 불확실하면서 위태롭고 덧없다. 우연에 의해 결정되는 것들이 많고,

늙어가면서 외부적인 행복들은 결국 사라질 수밖에 없고,
그때에는 사랑도, 여행을 가고 싶은 욕망도,
사회적 교류도 우리 곁을 떠난다.

아주 좋은 상황에서도 쉽게 닳아 없어지기 때문이다. 항상 손이 닿는 곳에 있지도 않다.

늙어가면서 이런 외부적인 행복들은 결국 사라질 수밖에 없고, 그때에는 사랑도, 여행을 가고 싶은 욕망도, 사회적 교류도 우리 곁을 떠난다. 친구와 가족마저도 죽음 앞에서는 붙들 수 없다. 그렇다면 그 어느 때보다 우리 마음속에 무엇이 있느냐가 중요하다.

세상 어디에도 우리가 얻을 것은 그렇게 많지 않다. 이 세상은 비참함과 고통으로 가득 차 있다. 설사 비참함과 고통에서 벗어난다고 해도 지루함이 곳곳에서 호시탐탐 우리를 노리고 있다. 아니, 그 이상이다. 이 세상은 악이 우세하고 어리석음이 가장 큰소리로 떠든다. 운명은 잔인하고 인간은 불쌍하다.

내적으로 풍요로운 사람에게 이 세상은 밝고 따뜻하게 크리스마스를 보내는 행복한 방과 같고, 내적으로 빈곤한 사람에게는 추운 12월 밤의 눈보라와 같다.

그러므로 풍요로운 자아, 특히 뛰어난 지성은 참으로 귀한 선물이고, 이런 선물을 받은 사람은 가장 행복한 운명을 타고났다고 할 수 있다. 비록 눈부시게 빛나는

―――

내적으로 풍요로운 사람에게 이 세상은 밝고 따뜻하게
크리스마스를 보내는 행복한 방과 같다.

삶은 아니더라도 행복한 삶이 될 수 있기 때문이다.

고독 속에서 진정한 행복을 발견하라

스웨덴의 크리스티나 여왕은 19세가 되던 해에 데카르트(프랑스의 수학자, 철학자)에 대해 언급하면서 큰 지혜가 담긴 말을 남겼다. 당시 데카르트는 네덜란드에서 20년 동안 고독하게 살고 있었는데, 크리스티나 여왕은 데카르트에 대해서는 소문으로만 알고 있었고, 이외에 그가 쓴 한 편의 에세이를 읽은 것이 전부였다.

그런 데카르트에 대해 크리스티나 여왕은 이렇게 말했다.

"데카르트는 세상에서 가장 행복한 사람이고 내가 볼 때 그의 처지는 참으로 부럽다."[주석12]

물론, 데카르트처럼 자신의 삶과 행복의 주인이 되기 위해서는 외부적인 상황에 충분히 우호적이어야 한다.

『전도서』^(주석13)에서 말하는 것처럼 "지혜는 유산과 함께 있을 때 좋고, 햇빛을 보는 자들에게 유익하다."

지혜의 축복을 받은 사람은 자신 안에 존재하는 행복의 샘을 열기 위해 애쓸 것이다. 이를 위해서는 혼자만의 삶과 여유가 필요하다. 혼자만의 삶과 여유를 얻기 위해 우리는 욕망을 자제하고 우리가 가진 자원을 아껴야 한다. 다른 사람들은 외부의 세계에서 즐거움을 구하지만, 우리는 그런 외부적인 즐거움에만 의존해서는 안 되기 때문이다.

그래야 관직이나 돈 또는 인기와 찬사를 기대하며 저급한 욕망과 천박한 쾌락에 굴복하는 잘못된 길을 따라가지 않을 수 있다. 만약 잘못된 길을 따르고 있다면 호라티우스(고대 로마의 시인)가 마에케나스(고대 로마의 정치가)에게 보낸 편지에 나오는 조언을 새겨들어야 한다.^(주석14)

> "나는 기름진 음식을 먹고 잠든 평범한 사람의 잠을 찬양하지 않을 것이며, 나의 자유로운 여가를 아라비아의 재물과도 바꾸지 않을 것이다."

이 말은 인간 행복의 근원은 내면에 있다는 진리를 담고 있다. 아리스토텔레스는 『니코마코스 윤리학』에서 이 사실을 정확하게 확인해 주고 있다.^(주석15)

　"즐거움에는 어떤 종류의 활동이 있어야 하고, 그렇지 않고서는 존재할 수 없다."

　다시 말하면, <u>행복은 우리가 가진 최상의 능력을 자유롭게 발휘해야 생기는 법이다.</u> 스토바이오스(고대 그리스의 철학자)는 페리파토스 학파의 철학^(주석16)을 설명하면서 다음과 같은 가르침을 강조하고 있다.

　"행복이란 모든 활동에 있어서 활발하고 성공적인 작동을 의미한다."

　여기서 '자신에게 맞는 훌륭한 상태'를 뜻하는 그리스어 '아레테(arete)'는 '무슨 일이든 그것을 완전히 통달하는 것'을 뜻한다. 우리 모두에게는 아레테에 도달할 힘이 있는데, 우리는 우리 자신이 가장 좋은 상태 혹은 자기다운 상태로 나아가야 한다.

  자연이 우리에게 이러한 아레테를 부여한 것은 우리가 여러 어려움에 맞서서 투쟁하도록 도와주기 위해서다. 이런 투쟁을 끝낸 후에 사용하지 못하고 남아버린 힘은 우리에게 짐이 될 수 있고, 그런 힘들을 계속 써 없애야 한다는 게 문제다.

  즉, 이런 힘들을 일상에서 소진해야 우리는 고통과 권태로움을 피할 수 있다. 소진하지 못한 힘이 쌓이면 권태로움이 우리를 괴롭힐 것이다. 이런 권태로움의 가장 큰 희생자는 바로 상류층, 부유한 사람들이다.

  루크레티우스(고대 로마의 시인, 철학자)는 부유한 사람들의 비참한 상태를 오래전에 묘사한 적이 있다. 그가 묘사한 사람들의 모습은 돈이 지배하는 삶이고, 모든 면에서 오늘날에도 여전히 나타나고 있다.

  부유한 사람들은 좀처럼 자기 집에 가만히 있지 못한다. 집 안에만 머무르는 것은 그들에게 너무 지루하기 때문이다. 하지만 밖에 나가도 별반 다르지 않다. 결국 다시 집으로 돌아올 수밖에 없다.

  그렇지 않으면 마치 불이라도 난 것처럼 서둘러서 시

―――

부유한 사람들은 돈이 지배하는 삶을 사는데,
금고에 아무리 많은 돈이 쌓여도 권태로운 삶을 산다.

골에 있는 별장으로 떠나지만, 그곳에 도착하자마자 다시 권태로움에 빠진다. 잠결에 모든 것을 잊으려 하거나 다시 도시의 집으로 돌아온다.

그는 종종 거대한 저택을 나선다.
그 안에 있는 것이 지겨워졌기 때문이다. 하지만 곧 다시 돌아온다.
밖이라고 해서 나을 것이 없다는 것을 알기 때문이다.
서둘러 마차를 몰아 시골 별장으로 내달린다 마치 불타는 집을 구하려는 듯이.
그러나 별장의 문턱에 도착하자마자 하품이 터져 나오고,
무거운 잠에 짓눌려 모든 것을 잊으려 하거나,
다시 도시로 돌아가기 위해 서둘러 길을 나선다.(주석17)

세 가지 즐거움의 근원

젊은 시절에 사람들은 넘치는 근육과 활력을 가지고

있었을 것이다. 하지만, 이런 육체적인 힘은 정신의 힘과는 달리 그 활력을 최대치로 장시간 유지할 수 없다. 나이가 들면서 육체의 힘은 사라진다. 또는 힘을 활용할 만한 활동이 없어지기도 한다. 결국 비참한 처지에 놓이게 된다.

일반적으로 사람들은 할 일이 없어지면 자신의 능력을 발휘할 수 있는 오락거리를 찾게 된다. 그것은 볼링일 수도 있고, 체스나 사냥, 그림 그리기, 승마나 음악, 카드 놀이, 시, 문학, 철학 등 다양한 아마추어적인 취미일 수도 있겠다.

이러한 관심사들을 세 가지의 즐거움으로 분류할 수 있다. 이 요소들은 일종의 생리학적인 것들이기도 하다. 더 나아가 이러한 힘들이 뒷받침하는 명확한 목표와는 별개로 사람들에게 즐거움을 주는 세 가지 원천이 되기도 한다. 자신이 얼마나 탁월한지에 따라서 이들 중에서 자신에게 맞는 것을 고르면 된다.

첫째, 생명 에너지로 생기는 즐거움이 있다. 먹는 것, 마시는 것, 소화시키는 것, 휴식과 잠자는 것 등에서 생기는 즐거움이다. 세상에는 이런 즐거움을 즐기는 사람

사람들은 할 일이 없어지면 독서나 체스, 사냥,
그림 그리기, 승마나 음악, 카드 놀이 등
능력을 발휘할 수 있는 오락거리를 찾게 된다.

이 흔하다.

둘째, 근육의 힘으로 생기는 즐거움이 있다. 걷기, 달리기, 씨름, 춤추기, 검술, 말타기 등과 같은 신체활동들이다. 종종 스포츠의 형태를 띠기도 하고 군사 훈련이나 전쟁의 모습으로 나타나기도 한다.

셋째, 감성으로 생기는 즐거움이 있다. 관찰, 생각, 느낌, 시나 교양에 대한 취향, 음악, 학습, 독서, 명상, 발명, 철학 등에서 얻는 즐거움이 여기에 속한다.

이렇게 다양한 종류의 즐거움들은 저마다 그 가치와 지속시간이 다르고 그에 관해서 많은 것들을 말할 수 있지만 그 판단은 독자에게 맡기고 싶다. 분명한 것은 작동하는 힘이 고상할수록 더 큰 즐거움을 얻을 수 있다는 것이다. 즐거움은 언제나 자신의 능력을 사용하는 것과 관련이 있다. 행복이란 이런 즐거움이 반복되면서 이루어지기 때문이다.

그 가치를 따진다면 감성으로 생기는 즐거움은 다른 두 가지의 즐거움보다 상위에 위치한다는 것은 어느 누구도 부인할 수 없다. 생명 에너지와 근육의 힘으로 생기는 즐거움은 짐승들도 똑같이 느낄 수 있기 때문이다.

아니, 어쩌면 이 둘은 동물들에게 더 강하게 존재할 것이다.

감성이야말로 인간과 동물들을 구별하는 특징이다. 우리의 정신적인 능력들은 감성의 한 형태이고, 감성이 풍부할수록 더 많은 정신적인 즐거움을 누릴 수 있다. 이것이 바로 흔히 말하는 지적인 즐거움이다. 그렇다면 지성은 과연 무엇일까?

평범한 사람은 자신의 의지를 자극하는 일에만 강한 관심을 보인다. 개인적인 이해관계와 관련될 때만 관심을 보이곤 한다. 하지만 의지를 지속적으로 강하게 자극하는 것은 아무리 좋게 말해도 순수한 선(善)은 아니다. 그저 고통이 따를 뿐이다.

카드 놀이는 상류 사회의 보편적인 오락이면서, 강한 자극을 제공하는 수단이다. 실질적이고 지속적으로 건전한 고통을 일으키지 않고 아주 사소하고 순간적인 자극으로 쾌락적인 고통을 만들어내기 때문이다. 그래서 카드 놀이는 그저 우리의 의지를 간지럽히고 자극하는 활동일 뿐이다.

반면에 강력한 지성을 가지고 있다면 우리는 의지와

섞이지 않은 순수한 지식으로서 사물에 대해 생동감 있는 관심을 가질 수 있다. 이러한 지적 호기심은 지성을 위해 필수적이고, 강력한 지성은 우리를 고통이 침범할 수 없는 곳으로 이끌어준다. 마치 신들이 사는 고요한 세계로 이끄는 것과 같다.

"인간의 삶은 신이라도 쉽게 가질 수 있는 것이 아니다."(주석18)

군중의 삶과 지성인의 삶

서로 다른 삶의 모습을 이야기하고자 한다.

우선, 군중의 삶은 사소한 이익과 온갖 추잡함에 사로잡혀 비참하게 발버둥질하고 있다. 개인의 이익을 위한 목표를 달성하고 본래의 모습으로 돌아가면 참을 수 없는 권태로운 삶이 기다리고 있다. 지독하게 지루한 삶에 갇힌 사람은 오직 불같은 열정에 의해서만 다시 자극받고 움직일 수 있다.

반대로 높은 수준의 지적 능력을 타고난 사람의 삶은 풍부한 생각과 의미로 가득하다. 가치 있고 흥미로운 대상들에 몰두하면서 가장 고귀한 즐거움으로 가득 찬 삶을 즐기고, 자연의 섭리와 삶에 대한 성찰, 시대와 국가를 초월하는 인류의 업적들이 즐거움의 원천이다.

지성을 갖춘 사람만이 이런 것들을 누릴 수 있다. 그래서 이들은 위대한 인물들의 삶과 그들이 호소하는 것을 받아들이게 된다. 나머지 사람들은 위대한 인물들이 이야기하는 것을 반도 이해하지 못하는 얼치기들일 뿐이다.

물론 지성을 갖춘 사람들은 다른 사람들과 다른 욕구가 있다. 바로 독서하고, 관찰하며, 연구하고, 명상하며, 실천하고 싶어 하는 욕구다. 간단히 말하면 그 무엇에도 방해받지 않는 진정한 여유와 즐거움이 있는 것이다. 볼테르(계몽주의 시대의 프랑스 사상가)는 "진정한 욕구가 없으면 진정한 즐거움도 없다"고 말했다. 참으로 옳은 말이다.

진정한 욕구가 있기 때문에 다른 사람들에게는 허락되지 않는 즐거움들, 즉 자연과 예술, 문학의 다채로운 아름다움에 다가설 수 있는 것이다. 이런 즐거움들을 원하지도 감상할 줄도 모르는 사람들에게 자연과 예술을 즐기는 기쁨을 말하는 것은 부질없는 짓이다. 마치 진정한 사랑을 잊은 늙은이가 사랑에 빠지기를 기다리는 것과 같다.

지성의 축복을 받은 사람에게는 일상의 삶과 지성의 삶, 이렇게 두 가지 삶이 존재한다. 시간이 갈수록 지성의 삶이 진정한 삶이 되고 일상의 삶은 진정한 삶에 이르기 위한 수단이 될 뿐이다.

평범한 사람들에게는 얄팍하고 공허하며 혼란스러운 삶, 그 자체가 목적이다. 하지만, 지성을 갖춘 사람에게는 지적인 삶이 다른 모든 것들보다 먼저다. 통찰력과 지식이 끊임없이 성장하는 지성의 삶은 서서히 완성되는 예술 작품과 같다. 지성은 시간이 갈수록 일관성이 생기고, 밀도가 높아지며, 점점 더 완전해지면서 통일성을 갖추게 된다. 이에 비해 단순히 개인적인 안락을 추구하는 삶은 겉으로는 폭이 넓어질 수는 있어도 결코 깊어지지는 않으므로 초라한 삶이다.

그럼에도 불구하고 앞서 말한 것처럼 사람들은 이런

천박한 삶을 인생의 목표로 삼는다. 열정에 의해 작동하는 삶은 자극이 없으면 무미건조하고 지루해진다. 지루한 삶은 고통을 준다. 그래서 **자연이 선물한 풍요로운 지성을 가진 사람만이 행복할 수 있다. 의지를 실행하기 위해 필요한 양을 넘어서는 지성을 타고나는 것은 자연이 우리에게 주는 축복이다. 그 덕분에 고통 없이 생동감 넘치는 삶을 살 수 있기 때문이다.**

이제는 의지의 지배를 받지 않고 단순히 여가를 누리는 것으로는 충분치 않다. 의지를 실행하는 것을 넘어서는 지성을 갖추어야 진정한 여유를 누릴 수 있다. 세네카가 말했듯이 "배우지 않고 보내는 한가한 시간은 곧 죽음이며, 살아 있는 사람을 위한 무덤이다."

가지고 있는 지성의 크기에 따라 지성인의 삶에는 셀 수 없을 정도로 많은 발달 단계가 있을 수 있다. 예를 들면, 단순히 곤충, 새, 광물, 동전 등을 수집하고 분류하는 것일 수도 있고, 시와 철학 같은 최고 수준을 성취할 수도 있다.

지성인의 삶은 우리를 권태로움으로부터 보호해 줄 뿐만 아니라 권태로움이 우리에게 미치는 악영향도 막아 준다. 지성은 나쁜 친구를 멀리하게 하고 행복을 중시하는 사람이 겪게 될 위험, 불행, 손실, 사치로부터 우리를 지켜준다. 예를 들면, "나의 철학은 나에게 단돈 6펜스도 벌어주지 않았지만, 불필요한 지출을 막아 준다."

내적 중심이 있는 삶과 없는 삶

평범한 사람은 행복의 기준을 재산, 지위, 아내와 아이들, 친구, 사회적 관계처럼 외부적인 것들에 둔다. 이런 것들을 잃거나 만족하지 못하면 행복의 중심이 와르르 무너진다. 다시 말해 자기 안에 중심이 없는 것이다.

그래서 그때그때 바라는 것과 일시적인 기분에 따라 삶의 중심이 계속 바뀌게 된다. 돈이 많은 사람이라면 하루는 시골 별장을 매수하고, 또 다른 날에는 말을 사거나 친구와 놀러 다니면서 호화로운 삶을 살 것이다. 그의 즐거움은 모두 외부에 있는 것들이기 때문이다. 이것은 건강과 기력을 잃은 사람이 스스로 생명력을 회복하려 하지 않고 약에만 의존하는 것과 같다. 진정한 삶은 자기 자신 안에 있다는 것을 잊고 사는 것이다.

이와는 정반대되는 내적 중심이 있는 삶을 이야기하기 전에, 내적 중심이 있는 삶과 없는 삶의 사이에 존재하는 사람의 삶을 살펴보자. 이 사람의 지적 능력은 아주 탁월한 정도는 아니다. 하지만 내적 중심이 없는 사람보다는 더 나은 지성을 가지고 있다. 초보적이지만 예술을 즐기기도 하고, 식물학, 물리학, 천문학 등 과학과 역사에도 관심이 있다. 하지만 이런 사람은 외부에서 오는 행복감이 고갈되거나 더 이상 만족스럽지 않을 때만 이런 지적 호기심을 발휘해서 즐거움을 찾으려 한다.

이러한 사람에게는 삶의 중심이 부분적으로 자기 자신 안에 있다고 볼 수 있다. 하지만 이들은 지적 허영으로 예술에 관심을 갖는 경향이 있는데, 이는 창의적인 활동과는 아주 다르다. 이런 관심은 피상적일 뿐 사물의 본질을 꿰뚫지 못한다. 이런 피상적인 지적 허영에 빠져들면 안 된다. 지적 허영심으로 충만한 사람은 사물에 대한 흥미를 잃고 곧 싫증을 낼 것이기 때문이다.

우리가 천재라고 부르는 최고의 지성만이 본질을 꿰

평범한 사람은 행복의 기준을 재산, 지위, 아내와 아이들,
친구, 사회적 관계처럼 외부적인 것들에 둔다.

뚫을 정도의 경지에 다다를 수 있다. 이런 사람은 시간과 존재를 주제로 삼고 삶을 관조하면서 자신만의 독특한 세계관을 표현한다. 그 표현 매체는 시가 될 수도 철학이 될 수도 있다. 이런 사람은 자신의 생각과 작품에 방해받지 않고 오로지 자기 자신에게 몰입할 수 있어야 한다. 그렇기 때문에 고독은 언제나 반갑고, 여유 있는 시간은 최고의 선이다. 이들에게 다른 모든 것은 불필요하고, 오히려 거추장스러울 뿐이다.

이런 사람은 자신의 중심이 온전히 자기 내부에 있다. 바로 중력이 자기 안으로 향하는 삶이다. 이런 사람들의 존재는 아주 희귀하면서 독특하다. 친구, 가족 그리고 공동체에 대한 따뜻한 관심을 표현하지 않기도 한다. 자기 자신과 삶을 잃지만 않는다면 다른 모든 것을 잃더라도 견딜 수 있기 때문이다. 이것이 바로 평범한 사람들과는 다른 점이다.

그렇다 보니 이들의 삶은 외롭다. 다른 사람들로부터 만족하지 못하면 외로움이 더 강하게 작용한다. 이들은 본질적으로 다른 존재이고, 이러한 차이가 사라지지 않기 때문에 사람들 속으로 들어가지 못하고 밖에서 이방

인처럼 살아간다.

이들은 인류 전체를 생각할 때조차도 '우리'가 아니라 '그들'이라고 말하는 것에 익숙하다. 그래서 **자연으로부터 풍요로운 영혼을 선물받은 사람이 가장 행복하다는 결론을 내릴 수 있다.** 이는 주관적인 것이 객관적인 것보다 우리에게 더 큰 영향을 끼친다는 것을 보여준다.

객관적인 것은 그것이 무엇이든지 간에 외부적이고, 간접적이며, 이차적일 뿐이다. 게다가 주관적인 것을 통해 작용한다. "풍요로운 영혼만이 진정한 부이고 나머지는 골칫거리"라고 말한 루키아노스(고대 로마의 작가)의 말은 그 진리를 아주 훌륭하게 표현하고 있다.

"진정으로, 풍요로운 영혼이 유일하게 참된 부유함이다. 나머지는 골칫덩어리 짐일 뿐이다."(주석19)

진정한 자유인의 모습

내적으로 풍요로운 사람은 외부로부터 원하는 것이

없다. 단지 아무런 방해를 받지 않고 자신의 지적 소양을 갈고 닦을 수 있는 여유로운 시간을 원할 뿐이다. 간단히 말해, 마음에 쌓여 있는 지적인 풍요로움을 즐기는 것이다.

평생 동안 매일, 매시간, 자기 자신으로 존재하고 싶은 것이다. 참으로 소박하지 않나? 이러한 사람들이 행복이나 불행을 가늠하는 기준은 딱 하나다. 자신의 모든 능력을 완벽하게 활용해서 자신의 일을 완성하는 것, 그 외 다른 것들은 모두 사소한 것들일 뿐이다.

실제로, 시대를 막론하고 위대한 현인들은 방해받지 않는 여유에 가장 큰 가치를 두었고 자기 자신만큼이나 소중하게 여겼다. 아리스토텔레스[주석20]는 "행복은 여유에 있다"라고 말했고, 디오게네스 라에르티오스(고대 그리스의 전기 작가)에 따르면 소크라테스 역시 "모든 소유물 중에서 가장 아름다운 것은 여유"라고 말했다고 한다.

『니코마코스 윤리학』에서 아리스토텔레스는 "철학에 전념하는 삶이 최고의 행복"이라고 결론을 내렸다.『정치학』[주석21]에서는 "어떠한 능력이든 가진 능력을 자유롭게 펼쳐내는 것이 곧 행복"이라고 말했다. 괴테도 『빌헬름 마이스터』에서 같은 말을 하고 있다.

"타고난 재능을 활용하도록 태어난 사람은 그 재능을 사용할 때 가장 행복하다."

하지만 아무런 방해를 받지 않는 시간을 누리는 것은 결코 쉽지 않다. 이는 인간의 본성과는 매우 다른 모습이라서 실천하기가 만만치 않다. 평범한 사람들은 평생 동안 자신과 가족의 생계를 위해 필요한 것들을 얻어내는 운명을 타고났다. 그래서 평범한 사람은 자유로운 지성이 아니라 투쟁과 필요가 키워낸 자식인 것이다.

사람들은 대체로 방해받지 않는 여유시간에 곧 싫증을 느끼고, 시간을 채울 수 있는 다른 목표가 없다면 오히려 더 힘들어한다. 결국 각종 놀이와 오락, 취미 활동으로 주어진 시간을 허비한다.

이러한 이유로 여유시간에는 잠재적인 위험이 도사리고 있다. "고요함 속에 가만히 있는 것은 어렵다." 참으로 옳은 말 아닌가? 아무것도 하지 않으면서 여유시간을 보내는 것은 사람들을 힘들게 하기 때문이다.

반면에 평범하지 않은 비범한 지적 능력은 부자연스러우면서도 비정상적이라고 할 수 있다. 그럼에도 불구하고 그런 능력을 타고난 사람은 분명히 여유시간을 바랄 것이다. 여유시간이 다른 사람들에게는 부담스러운 짐일 수 있지만, 뛰어난 지적 능력을 가진 사람에게는 행복을 위한 필수조건이다. 이들에게서 자기만의 여유시간을 빼앗는 것은 페가수스(그리스 신화에 등장하는 날개가 달린 말)에게 재갈을 물리는 것과 같이 불행한 일이다.

외부적인 환경과 내부적인 조건, 이 두 가지 환경이 어떤 사람에게 동시에 주어질 수 있을까? 만약 여유롭고 자유로운 시간과 뛰어난 지적 능력이 누군가에게 동시에 주어진다면 이것은 정말 큰 행운이다. 운명이 이렇게 우호적이라면 그 사람은 더 우월한 삶을 살 수 있다.

여유로운 시간 때문에 생기는 권태로움과 생계를 유지하기 위해 발버둥치는 모습은 서로 충돌하며 고통을 낳는다. 이런 고통으로부터 보호받는 삶은 참으로 행복하다. 서로 충돌하며 생기는 고통은 서로 중화될 때에만 벗어날 수 있지만, 이런 운명을 타고난 사람은 참으로 자유로운 존재이다.

이러한 관점에 반대하는 입장도 있다. 탁월한 지적 재능은 그 성격상 신경계에서 벌어지는 활동이라서 모든 형태의 고통에 아주 민감하다는 것이다. 게다가 지적 탁월성은 기질적으로 강렬하고 생동감 넘치는 사고력을 수반하는데, 이는 뛰어난 지적 능력을 가진 사람들이 피할 수 없는 특징이다. 그렇다 보니, 평범한 사람들이 겪는 감정보다 훨씬 더 격렬한 감정을 겪는다는 의견이다. 이 세상에는 즐거움을 주는 것보다 고통을 주는 것들이 더 많기 때문이다.

탁월한 지적 능력을 가진 사람은 다른 사람들과 멀어지는 경향이 있다는 것을 강조하고 싶다. 내적으로 많은 것을 가지고 있는 사람일수록 다른 사람들에게서 가져올 것이 별로 없기 때문이다. 남들에게는 재미있는 것들이라고 해도 이 사람에게는 그저 피상적이고 재미없는 것들뿐이기 때문이다.

마음의 크기가 작은 사람이 결국에는 가장 행복하다는 말은 참으로 그럴듯한 말이다. 물론 나는 그런 삶을 부러워하지는 않는다. 이 점에 대해서 여러분의 판단을 막고 싶지 않다.

특히 소포클레스조차도 이 문제에 대해 서로 충돌하는 의견을 표현했던 것을 보면 더욱 그렇다. 소포클레스는 "지혜가 행복에서 가장 큰 부분을 차지한다"[주석22]고 말했지만, "생각이 없는 사람들의 삶이 가장 행복하다"[주석23]라고도 했기 때문이다.

구약 성경의 철학자들도 역시 모순된 말을 하고 있다. "어리석은 사람의 삶은 죽음보다 나쁘다"[주석24]고 말하면서도 "지혜가 많으면 고민이 많다. 지식이 늘어나는 사람은 슬픔도 늘어난다"[주석25]고 전하고 있다.

필리스틴, 속물들의 특징

지적인 욕구가 없는 사람, 즉 제한적이고 평범한 수준의 지적 능력을 가진 사람을 '필리스틴(philistine)'이라고 부른다. 조금 과장된 표현이지만 '속물'이라는 뜻이다. 원래 독일어에서 유래된 속어인데 대학에서 주로 사용되었다. 이후에 비유적으로 좀 더 나은 의미로 쓰이기도 했지만 여전히 그 의미를 유지하고 있고, 뮤즈(그리스 신화에 등장하는 학문과 예술의 여신)의 아들이 아닌 사람을 가리킨다. 그리스어로 아무소스 아네르 즉, 뮤즈가 없는 사람이다. 안타깝지만 이런 사람은 계속 속물로 살아간다.

나는 좀 더 높은 관점에서 이 단어를 바라보고 싶다. 실제로는 아무런 실체가 없는 현실에 늘 심각하게 사로잡혀 있는 사람들을 필리스틴이라고 부르고 싶다. 하지만 이러한 정의는 좀 고차원적이기 때문에 이해하기가 쉽지 않다. 그래서 많은 사람들에게 읽혀야 하는 이 글에는 맞지 않을 것 같다.

필리스틴만의 도드라지는 특징들을 말하면 훨씬 이해하기 쉬울 것이다. **필리스틴은 지적 욕구가 없는 사람이라고 간단히 정의할 수 있다.** 이런 면에서 보면 필리스틴은 스스로 지적인 즐거움을 느낄 수 없다. 이전에도 말했듯이 진정한 욕구가 없으면 진정한 즐거움도 생기지 않기 때문이다.

필리스틴의 삶은 스스로 무엇인가를 배우거나 통찰하

필리스틴의 삶은 그저 감각적인 쾌락에만 몰두하고,
먹고 마시며 빈둥거리는 것에서 기쁨을 찾는다.

는 삶이 아니다. 배움과 통찰을 통해 얻는 진정한 미적인 기쁨에는 전혀 관심이 없다. 배움, 통찰 같은 심미적인 활동들이 유행하면 필리스틴은 억지로라도 관심을 가지려 하는데 참으로 우스운 행동이지 않나?

그래서 마지못해 무엇인가를 하려고 하지만 시늉만 낼 뿐이다. 일종의 지적 허영심이라고 할까? 이런 사람들은 그저 감각적인 쾌락에만 몰두하고, 먹고 마시며 빈둥거리는 것에서 기쁨을 찾는다. 이들은 이런 감각적인 쾌락으로 심미적인 즐거움을 대신하려는 것이다. 가지지 못하는 것에 대해 보상작용을 일으키는 것이다. 참으로 어리석지 않은가!

필리스틴의 삶에서는 굴과 샴페인 같은 것들이 가장 중요하다. 육체적인 건강에 도움이 되는 것들을 가지는 것이 삶의 목적이기 때문이다. 이들의 삶에서 이런 것들을 얻기 위한 고생이 곧 행복이다.

사치가 넘치는 삶을 사는 필리스틴들은 권태로움에 굴복할 수밖에 없고, 지루함을 해결하기 위해 무도회, 극장, 파티, 카드 놀이, 도박, 경마, 술, 여행 등의 활동으로 시간을 허비한다. 하지만 **지적인 욕구가 없으면 지적인**

즐거움도 불가능하고, 이런 활동만으로는 삶의 권태로움에서 벗어날 수 없다.

필리스틴은 아둔하고 무미건조하다는 독특한 특징을 가지고 있다. 이는 동물과 비슷한 특징이다. 그 어떤 것에도 참된 즐거움이나 흥미를 갖지 못한다. 감각적인 쾌락은 빠르게 고갈되고 자신과 같은 부류의 속물들과 시간을 보내는 것도 부담스러워진다. 심지어 카드 게임에도 싫증을 낼 수 있기 때문이다.

그래서 우월한 재산, 지위, 영향력, 권력에서 오는 쾌락을 자신만의 방식으로 즐기는 것처럼 허영심으로 비롯되는 쾌락을 추구한다. 이러한 외부적인 후광 때문에 사람들은 필리스틴에 굴복한다. 필리스틴은 이러한 후광을 뽐내며 우쭐해진다. 마치 자신의 내부에서 빛이 나오는 것으로 착각한다. 허영심으로 가득 차 있는 삶, 이런 삶이 이들에게 기쁨이다. 영국사람들은 이런 사람들을 'snob(속물)'이라고 부른다.

필리스틴은 본질적으로 타인과의 관계에서 지적인 욕구는 전혀 없고 육체적인 욕구만 가지고 있다. 그렇다 보니, 지적 욕구를 채워줄 사람보다는 육체적 욕구를 만족시켜 줄 수 있는 사람들을 찾아다닌다. 지적 능력을 가진 친구는 가장 마지막으로 선택하게 된다.

　우연이라도 지적 능력이 뛰어난 사람을 만나면 본능적으로 강한 적대감을 느끼고 증오심까지 생긴다. 마음속에서 열등감뿐만 아니라 시기심이 안개처럼 자욱하게 스멀스멀 올라오지만, 이러한 심정을 자기 자신에게도 철저히 숨겨야 한다. 경우에 따라서 시기심은 원한의 감정으로 커지기도 한다.

　그럼에도 불구하고 자신의 가치 기준을 지적인 자질에 전혀 맞추려 하지 않는다. 여전히 신분, 재산, 권력과 영향력 같은 외부적인 요소들을 더 소중하게 생각한다. 속물들의 눈에는 이런 것들이 가장 진정성 있는 것으로 보일 뿐이고, 최선을 다해서 이런 것들을 추구한다.

　이 모든 것은 지적 욕구가 없기 때문에 생기는 결과다. **필리스틴들이 고통스러운 이유는 마음을 돌보지 않고, 권태로움의 고통에서 벗어나기 위해 끊임없이 현실을 욕망하기 때문이다.** 결국 현실에서 추구하는 것들에 대한 흥미가 사라지면 곧 피로감이 몸과 마음을 덮친다.

{ 3교시 }

나에게 주어진 것,
나는 무엇을 소유하는가?

The Essays of

Arthur Schopenhauer:

the Wisdom of Life

에피쿠로스는 인간의 욕구를 세 가지로 나누어 제시하고 있다. 첫 번째는 자연적이면서 필수적인 욕구다. 이런 욕구들은 충족되지 않으면 고통스럽지만, 쉽게 충족될 수 있다. 즉, 먹고, 자고, 입는 것과 관련된 욕구다.

　그 다음은 자연적이지만 필수적이지는 않은 욕구다. 특정 감각을 만족시키는 욕구인데, 에피쿠로스는 어떤 감각을 특정하지는 않았다. 하지만 이런 욕구를 충족시키는 것은 앞서 언급한 자연적이고 필수적인 욕구를 충족시키는 것보다는 어려울 것이다.

　마지막으로 사치, 방탕, 가식, 허세에 대한 욕망처럼 자연적이지도 필수적이지도 않은 욕구다. 이 욕구는 끝이 없어서 충족시키기가 정말 어렵다.(주석26)

재산과 욕망의 상대성

 얼마나 많은 재산이 있어야 인간의 욕망을 충족시킬 수 있을까? 그에 대해 말하는 것은 참 어려운 일이다. 절대적인 재산의 크기가 존재하지도 않고, 항상 상대적이기 때문이다. 원하는 것과 가지고 있는 것의 비율도 따져 봐야 한다. <u>'얼마나 많이 가지고 있는가?'로 행복의 크기를 측정하는 것은 의미가 없다. '얼마나 많이 가지고 싶은가?'를 고려해야 하기 때문이다.</u> 그렇지 않으면 마치 분수에서 분자만 있고 분모는 없는 것과 같기 때문이다.

 사람은 원하지 않는 것을 가지지 못했다고 해서 상실감을 느끼지 않는다. 그것이 없어도 여전히 행복하다. 하지만 아무리 많이 가지고 있어도 가지고 싶은 그 한 가지를 얻지 못하면 불행해지는 사람도 있다. 여기에도 자신만의 보이지 않는 지평선이 있다. 자신이 가질 수 있다고 생각하는 만큼 가져야 한다. 자신의 지평선 안에 어떤 대상이 있고, 그것을 손에 넣을 수 있다는 확신이 있으면 행복해지고, 그것을 손에 넣는 것이 어려워지면 곧 불행해진다.

반면에 자신의 지평선을 벗어나 있는 것들은 아무런 영향을 주지 않는다. 즉, 가난한 사람들은 부자들이 아무리 많이 가지고 있어도 불안함을 느끼지 않는다. 하지만 부자는 가질 수 있다는 희망이 꺾이면 아무리 많은 재산을 가지고 있어도 행복할 수 없다.

재산은 마치 바닷물과 같아서 마시면 마실수록 더 목이 마르다. 유명세도 마찬가지다.

재산과 물질적 풍요를 잃어버려도 상실의 슬픔이 지나고 나면 이전과 같은 평상심으로 돌아간다. 재산이 줄어들면 기대도 줄어들지만 막상 원하는 금액을 줄이는 것은 아주 고통스럽다. 그래도 일단 그렇게 하고 나면 고통은 점점 작아지고 더 이상 고통을 느끼지 않을 수 있다. 마치 시간이 지나면서 상처가 아무는 것과 같다. 반대로, 약간의 행운이 들이닥치면 우리의 욕구는 조절할 수 없을 정도로 점점 더 커진다. 우리가 기쁨을 느끼는 것은 바로 이런 확장성 때문인데, 확장하는 느낌이 사라지면 기쁨도 사라진다. 팽창하는 욕구에 길들여지게 되고 욕구를 충족할 수 있는 재산의 양에 대해서는 둔감해지는 것이 문제다.

『오디세이』(주석27)에 진리를 일깨우는 구절이 있다. 그 마지막 두 줄은 다음과 같다.

영원히 살지 못하는 인간의 마음은
신들과 인간의 아버지가 주신 하루와 같은 것

땅 위에 사는 우리에게 주어진 것은 신이 허락한 하루 뿐이라는 의미가 아닐까? 우리의 불만은 욕구를 지속적으로 더 늘리려 하기 때문에 발생하지만, 불행하게도 욕구를 충족시킬 능력의 양은 더 이상 커지지 않는다.

돈에 대한 불편한 진실

물질적 욕구가 우리의 마음을 꽉 채울 수도 있다. 그러니 돈을 그 어떤 것보다 더 명예로운 것으로 여기기도 하는 것이다. 심지어 이익 추구가 삶의 유일한 목표가 된 것은 이제 놀랍지도 않다. 이익을 가져다주지 못하는 것들은, 예를 들면 철학조차도 이익을 우선시하는 사람들에 의해 무시되거나 내팽개쳐진다.

돈을 원한다는 이유로, 심지어 돈을 더 사랑한다는 이유로 종종 비난을 받기도 하지만 사람들이 돈을 사랑하는 것은 어쩌면 자연스러울 뿐 아니라 불가피한 일이기도 하다. **돈은 마치 지치지 않는 프로테우스처럼 사람들이 원하는 모습으로 변신할 수 있고, 사람들의 방황하는 욕망을 순간적으로 채워줄 수도 있다.**

돈 이외에 다른 것들은 오직 하나의 소원과 하나의 필요만을 충족시킬 수 있다. 예를 들면, 음식은 배고픔을 채워주고, 와인은 즐길 수 있을 때만 필요하고, 약은 아플 때만 필요하고, 모피는 추위를 막아주고, 사랑은 젊음의 갈망을 채워준다. 이런 것들을 그리스어로 '아가타 프로스 티'라고 부른다. 즉, '상대적으로 좋은 것'들이다. 절대적으로 가치 있는 것은 오직 돈뿐이다. 돈은 특정한 하나의 필요를 구체적인 방식으로 만족시킬 뿐만 아니라 필요한 모든 것들도 만족시키기 때문이다.

만약 스스로 자립할 수 있을 만큼의 재산을 가지고 태어났다면 앞으로 닥칠지도 모르는 어려움이나 불행을 막아주는 든든한 방패를 가지고 있는 셈이다. 그렇다고 해서 그 돈으로 세상에서 즐길 수 있는 것은 모두 해보거나 아니면 그런 식으로 써야 한다고 여기면 안 된다.

재능과 자본의 차이

 태어날 때는 재산이 없었지만 가지고 있는 재능이나 기술로 큰돈을 번 사람들이 있다. 이들은 재능을 자본으로 여기고 거기서 번 돈은 이자라고 여기기도 한다. 그런 사람들 중에는 벌어들인 돈의 일부를 따로 모으지 않고 그날그날 버는 대로 써버리는 사람들도 많다. 가지고 있는 재능이 구식이 되어 버리면 어떻게 될까? 아마도 돈벌이가 줄어들거나 사라지게 될 것이다. 이러한 경우를 자주 볼 수 있다. 심지어 그 재능이 더 이상 쓸모가 없어지는 경우도 흔하다. 특정한 상황에서 유용했던 기술이었는데 그 상황이 지나가 버린 경우라면 그 기술이 더 이상 필요하지 않게 된다.

하지만 손기술을 활용하는 평범한 일을 하면서 먹고사는 사람들은 번 돈을 그렇게 써버려도 큰 문제는 없다. 그런 기술은 쉽게 사라지지 않기 때문이다. 게다가 이런 일거리들은 잘 사라지지도 않는다. 사람들이 늘 필요로 하기 때문이다. "쓸모 있는 직업은 금광과 같다"라는 속담은 참 맞는 말이다.

예술가와 전문가들의 경우는 값싼 기술로 먹고사는 노동자들과는 완전히 다르다. 이들의 재능은 희소가치가 있기 때문에 높은 보수를 받을 수 있다. 자신들이 벌어들인 돈을 그날그날 써버리지 않고 자본을 쌓아야 하지만 자신의 재능에 대한 이자 정도로 경시하면 결국에는 파산하고 만다. 재능은 영원하지 않다는 것을 무시한 결과다.

재산을 상속받은 사람들은 좀 다르다. 이 사람들은 자본과 이자를 구별할 줄 알고, 자본을 안전하게 유지하고 잠식시키지 않기 위해 노력한다. 거기서 멈추지 않고 미래의 돌발 상황에 대비해 가능하면 최소한 8분의 1 정도의 이자를 따로 쌓아 둔다. 그래서 자신의 현재 상황을 유지할 수 있는 것이다.

―――――

예술가와 전문가의 재능은 희소가치가 있기 때문에
높은 보수를 받을 수 있다.

상인들은 자본과 이자를 대하는 방식이 다르다. 상인들에게 돈은 추가적인 이익을 얻기 위한 수단일 뿐이다. 마치 기술자가 연장을 대하는 것과 비슷하다. 상인들의 자본은 전적으로 자신들이 노력한 결과이지만 자본을 사용하여 자신들의 자본을 증가시키기 위해 노력한다. 바로 이러한 재능으로 많은 돈을 버는데 경제 개념이 부족한 전문가들과는 다른 점이다.

가난에 대한 두려움의 역설

대체로 가난하고 궁핍한 사람들은 가난을 훨씬 덜 두려워하는 것 같다. 가난을 말로만 들어본 사람들보다 돈을 더 쉽게 쓰고 낭비하는 경향이 있기 때문이다. 참으로 역설적이다.

반면에 처음부터 형편이 좋았던 사람들은 대체로 미래에 대해 훨씬 더 신중하고 더 경제적이다. 갑자기 부자가 된 졸부들보다 더 근검절약한다. 이런 걸 보면 가난은 멀리 떨어져 있을 때는 끔찍해 보이지만, 실제로는 그렇게 비참한 것은 아닐 수도 있겠다는 생각이 든다.

그런데 근본적인 이유는 여기에 있다. **부유한 집에서 태어난 사람에게 재산은 마치 공기와 같다. 그렇다 보니 재산이 없으면 살 수 없다고 느끼는 것이다. 어찌 보면 가난한 사람보다 더 절실할 수도 있다.** 그래서 재산을 자기 목숨처럼 지키려 하고, 자연스럽게 재산에 대해 신중하고, 절약하는 것이 아닐까?

가난하게 태어난 사람은 그렇지 않다. 그래서 우연히 큰돈이 생기면 그냥 남는 돈이라고 생각한다. 즐기고 써 버릴 대상일 뿐이다. 돈이 다 떨어지면 이전의 삶으로 다시 돌아가면 되기 때문이다. 특별히 걱정할 게 없다.

셰익스피어의 『헨리 6세』(주석28)에 이런 말이 나온다.

"거지가 말에 올라타면 그 말이 죽을 때까지 달리게 한다."

원래 가난했던 사람이 부자가 되면 그걸 감당하지 못할 수도 있다는 의미일 것이다. 이런 사람들은 자신의 운명에 대해 지나치게 확신하는 것 같다고 말하고 싶다. 가난과 궁핍에서 벗어나게 한 특정 수단들을 지나치게 믿고 있다는 것이다. 그 믿음은 머리로만 그런 게 아니라 마음 깊은 곳에서부터 우러나는 것이다.

재산의 진정한 가치

스스로 벌었거나 물려받은 것을 잘 지켜야 한다. 스스로 자립할 수 있을 만큼의 재산으로 삶을 시작하면 일하지 않고도 안락하게 살 수 있을 것이다. 가족은 말할 것도 없고 나 자신을 위해 최소한의 재산을 가지고 있는 것은 충분히 과대평가해도 되는 장점이다.

이는 인간의 삶을 옭아매는 가난이라는 끔찍한 전염병을 이겨낼 수 있는 면역체를 가진 셈이고, 인간의 숙명인 강제 노동으로부터 해방될 수 있기 때문이다. 이런 좋은 환경에 태어났을 때 자유로운 사람이라고 할 수 있다. 말 그대로 자기 자신의 시간과 능력을 온전하게 자기 손에 쥔 사람이다.

천재들은 물려받은 재산으로 자선사업을 하면서
사람들에게 인정받을 수도 있다.

매일 아침, "오늘은 나의 것이다"라고 말할 수 있는 사람이 될 수 있다. 그런 의미에서 보면, '100'을 가진 사람과 '1,000'을 가진 사람의 근본적인 차이는 '100'을 가진 사람과 아무것도 없는 사람의 차이보다 훨씬 작다. 100과 1,000의 차이는 900이고, 100과 0의 차이는 100이지만 조금이라도 가지고 있는 것이 아무것도 없는 것보다 나으니까.

천재성이 있는 사람에게 재산이 상속되면 최고의 가치를 발휘한다. 이 사람이 돈을 버는 일에서 벗어나 천재성을 발휘할 수 있는 삶을 산다면 운명의 도움을 두 배로 받는 것과 같다. 자신이 받은 도움을 인류에게 백배로 보답할 수 있기 때문이다.

천재들은 평범한 사람이 할 수 없는 일을 해냄으로써 인류 전체의 이익에 기여하고 인류의 진보에 기여할 것이다. 다른 한편으로는 물려받은 재산으로 자선사업을 하면서 사람들에게 인정받을 수도 있다.

하지만 아무것도 하지 않고 무엇인가를 배우려 하지도 않고 인류의 발전에 최소한의 기여도 하지 않는 사람도 있다. 이런 사람은 부유하게 태어났지만 재산을 가질 자격이 없는 사람이다. 빈둥거리면서 시간을 도둑질하는 게으름뱅이자 경멸의 대상이 될 뿐이다.

심지어 행복해질 수도 없다. 가난은 벗어났지만 인간을 괴롭히는 다른 종류의 고통이 기다리고 있다. 바로 지루함의 늪이다. 할 일이 없는 지루한 인생은 너무 고통스러워서 차라리 가난이 더 나을 정도다. 가난한 사람들은 그나마 할 일이 있기 때문이다. 지루한 삶을 견디지 못하면 낭비하게 되고 결국에는 가진 것을 모두 잃어버린다. 애초에 물려받은 것을 누릴 자격이 없었던 것이다. 실제로 많은 사람들이 권태로움에서 잠시라도 벗어나기 위해 있는 돈을 마구 써버린다.

정치적인 성공을 바라는 사람이라면 얘기는 완전히 달라진다. 정치 세계에서 출세의 사다리를 한 칸씩 올라가려면 호의, 친구, 인맥 등이 중요한 역할을 하기 때문이다. 어쩌면 사다리의 최상단까지 오를 수 있을지도 모른다. 이런 삶에서는 무일푼으로 세상에 내던져지는 것이 오히려 더 나을 수도 있다. 정치적 야심을 가진 사람이 상류층 가문 출신은 아니지만 약간의 능력이 있는 사람이라면 완벽한 극빈자가 되는 것이 유리할 수도 있다.

―――――

정치적 야심을 가진 사람은 계속해서 고개를 숙일 수 있고
필요하면 땅에 납작 엎드릴 수 있다.

사람들은 대인관계에서 자신이 다른 사람들보다 우월하다는 것을 증명하고 싶어하고, 정치판에서는 이런 심리가 훨씬 더 강해지기 때문이다.

모든 면에서 온전하고 자신의 열등함을 부끄러워하지 하고, 자신의 무의미함과 무가치함을 철저히 확신하는 사람은 절대적으로 가난한 사람뿐이다. 그래서 자신의 무가치함을 잘 알고 있는 사람은 정치판에서 은밀히 자신의 자리를 지킬 수 있다.[주석29] 이런 사람만이 계속해서 고개를 숙일 수 있고 필요하면 땅에 납작 엎드릴 수 있다. 굴욕도 묵묵히 받아들이고 심지어 웃을 수도 있는 사람이다. 뛰어난 업적이 무의미하다는 것도 잘 알고 있다.

그래서 높은 자리에 있거나 영향력이 있는 인물에 대해 가장 큰 목소리로 그리고 가장 도드라지는 글씨체로 찬양할 수 있는 사람이기도 하다. 영향력 있는 사람들이 낙서라도 하면 박수를 치며 걸작이라고 큰소리로 외칠 준비도 되어 있다. 제대로 구걸하는 법을 아는 유일한 사람이기도 하다. 그래서 젊은 시절부터 정치 세계에 발을 들여서 비밀스러운 자리에서 영향을 미치는 사람이 된다. 괴테는 이런 사람에 대해 이렇게 말했다.

비열한 것들에 대해 아무도 불평하지 말라.
힘을 가진 것은 그것이니까.
사람들이 무슨 말을 하든 간에.

목표가 비열하다고 불평하는 것은 아무런 소용이 없고, 사람들이 뭐라고 하든 세상을 지배하는 것은 그런 부류들이라는 의미다.

태어날 때부터 생계를 유지할 수 있는 재산을 타고난 사람은 독립적인 사고방식을 가지고 있다. 이런 사람은 살면서 남에게 머리를 숙이지 않는다. 구걸하는 법을 배우지 못했기 때문이다. 아마도 평범한 사람들의 비굴함과는 경쟁이 되지 않는 재능을 가지고 있다고 생각할 것이다.

결국 자신보다 윗자리에 앉아 있는 사람들이 실제로는 자신보다 열등하다는 것을 알게 된다. 그런 사람들에게 모욕을 당하면 반항하고 배척하는 태도를 보이게 된다. 이런 식으로는 세상에서 출세할 수 없다. 이런 사람은 "살날이 이틀밖에 없는데, 비열한 놈들에게 굽신거리며 시간을 보낼 필요가 있겠는가!"라고 말한 볼테르의 의견을 따를지도 모르겠다.

참으로 안타까운 일이지만 '비열한 놈'은 수많은 사람들에게서 나타나는 속성일 수도 있다. 유베날리스(고래 로마의 시인)는 "가난이 재능보다 크면 성공하기 어렵다"고 말했다. 이 말은 정치적, 사회적 야망을 가진 사람보다는 예술이나 문학의 길을 가는 사람들에게 훨씬 더 잘 적용될 것 같다.

소유에 대한 욕구는 가정 안에서도 존재한다. 하지만 한 가정에서 남편과 아내는 일방적인 소유의 대상이 아니다. 서로를 동등하게 소유한다는 표현이 맞을지도 모르겠다. 마찬가지로 자식도 소유할 수 있는 대상이 아니다. 그럼 친구들은 어떨까? 친구들은 우리에게 속하는 것만큼이나 우리도 그들에게 속해 있다. 이러고 보니 우리가 온전히 소유할 수 있는 것은 우리 자신뿐이다.

{ 4교시 }

나의 위치, 나는 어디에 있는가?

*The Essays of
Arthur Schopenhauer:
the Wisdom of Life*

Section 1
평판, 마음의 허영이 만드는 그림자

우리는 남들이 자신에 대해 어떻게 생각하는지에 대해 지나치게 신경 쓰고 있다. 특이하지만 인간의 본성인 것 같기도 하다. 그런데 남들이 나에 대해 어떻게 생각하는지가 행복에 필수적인 것은 아니다. 그럼에도 불구하고 남들이 나에 대해 좋게 말하거나 사탕발림 같은 말로 허영심을 자극하면 기분이 좋아진다. 참 이해하기 힘든 현상이다. 주인이 쓰다듬어주면 기분이 좋아 꼬리를 흔드는 고양이처럼 우리도 칭찬을 받으면 만족스러운 기쁨의 표정이 얼굴에 퍼진다.

다른 사람들의 박수를 받으면 앞서 말한 자아실현과

―――

우리는 남들이 자신에 대해 어떻게 생각하는지에 대해
지나치게 신경 쓰고 있다.

물질에서 나오는 보상이 작아도 충분히 견딜 수 있다. 반대로 자존감에 상처를 주는 어떤 일을 겪으면 그것이 무엇이든, 정도와 상황에 상관없이 마음이 상하고 고통스럽다. 살짝 무시당하더라도 그렇게 된다.

인간 본성에 따르는 명예라는 감정은 도덕성의 대체재로서 많은 사람들의 삶에 유익한 영향을 줄 수도 있다. 하지만 행복, 특히 마음의 평화나 자립심처럼 행복에 꼭 필요한 것들을 위해서는 도움이 되기보다는 오히려 해로울 수도 있다.

이런 관점에서 보면 우리가 가진 약점이 작동할 수 있는 범위를 제한해야 한다. 장점들의 상대적인 가치를 제대로 평가하고 다른 사람들의 의견에 과도하게 휘둘리지 않는 게 좋다. 다른 사람들의 의견이 우리의 자존심을 북돋아 주는 것이든 아니면 상처를 주는 것이든 결국 감정의 현혹에 놀아나지 말아야 한다.

그렇지 않으면 우리는 남의 생각에 의해 흔들리는 노예가 될 것이다. 작은 말 한마디로 칭찬에 굶주린 마음을 흔들거나 달래는 것은 정말로 아무것도 아니기 때문이다. 호라티우스(고대 로마의 시인)는 이렇게 말했다.

"칭찬을 탐하는 마음을 무너뜨리고 다시 일으키는 데 필요한 것은 이토록 가볍고, 이토록 사소하다."[주석 30]

아주 작은 말 한마디가 인정받고 싶어 하는 사람의 마음에 깊은 울림을 줄 수 있다는 의미이다. 그것이 칭찬인지 비난인지는 상관없다.

내부와 외부의 차이

그러므로 우리 자신 안에 존재하는 것과 남들이 우리를 어떤 모습으로 보는가를 제대로 비교해 보면 행복에 이르는 데 도움이 될 것이다. 우리 내부에 존재하는 것은 삶을 채우고 의미 있게 만드는 모든 것을 말한다. 앞서 다루었던 자아와 재산에 관한 것이다.

다시 말해, 우리는 어떤 사람이 될 것인지 그리고 무엇을 가져야 하는지 스스로에게 물어야 한다. 바로 우리 마음 안에서 이 모든 것들이 일어나기 때문이다.

그렇지만 우리가 다른 사람들에게 어떤 모습으로 보이는지는 우리의 마음이 아니라 그 사람들의 마음속에 있는 것이다. 결국 그들의 눈에 우리가 어떤 모습으로 비치고, 그들이 무슨 생각을 하는지를 말하는 것이기 때문이다.^(주석31)

이런 것들은 우리를 위해 존재하는 것이 아니다. 그래서 우리에게 직접적인 영향을 미치지 않는다. 만약 이런 것들이 우리 마음을 움직여서 마음 안에 있는 우리의 모습을 변화시킬 수 있다면 그것도 나름대로 의미가 있다. 그리고 다른 사람들의 마음 안에서 무슨 일이 일어나는지는 우리에게 그다지 중요하지 않다.

시간이 조금만 지나면 다른 사람들의 생각에는 점점 무관심해지기 때문이다. 그들의 생각이 얼마나 헛되고 피상적인지, 얼마나 편협한지, 감정은 얼마나 야비한지, 의견은 얼마나 왜곡되고 오류가 많은지를 알게 되기 때문이다.

뿐만 아니라, 사람들은 자신이 어떤 사람이 두렵지 않을 때, 그리고 자신이 말한 것이 그 사람의 귀에 들어가지 않을 거라고 생각할 때, 그 사람에 대해 험담을 늘어

———

사람들은 자신이 어떤 사람이 두렵지 않을 때,
그리고 자신이 말한 것이 그 사람의 귀에 들어가지 않을 거라고
생각할 때, 그 사람에 대해 험담을 늘어놓는다.

놓는다. 우리는 이런 일들을 정말 쉽게 벌이곤 한다.

멍청이 몇 명이 정말 위대한 사람을 아무렇지 않게 무시하는 것을 종종 볼 수 있다. 이런 걸 보면 **남들이 하는 말 따위에 큰 의미를 두는 것은 어리석은 일**임을 깨닫게 된다. 우리가 그런 말에 너무 큰 가치를 부여할 필요가 없다.

하여튼 앞서 말한 두 가지 요소에서 행복을 찾지 못하고 세 번째 요소에서 찾아야 하는 사람은 정말로 힘든 상황에 처하게 된다. 나의 의미와 나에게 주어진 것에서 행복을 찾지 못하고 남들에게서 행복을 찾아야 한다면 참으로 힘든 상황에 처하는 것이다.

다시 말하지만 자연 상태에서 행복의 기초이자 기둥은 우리의 몸이고, 건강한 몸은 행복에서 가장 필수적인 요소이다. 그 다음으로 중요한 것은 외부의 도움이 없이 독립적으로 살아갈 수 있는 능력이다.

저울의 한편에는 건강이나 자립심처럼 행복을 위해 본질적으로 필요한 것들이 있고, 다른 한편에는 체면, 지위, 평판처럼 외부적인 요소들이 있다. 외부적인 것들에 아무리 많은 가치를 둔다고 해도 저울의 무게추가 그쪽

―――

건강, 성격, 능력, 수입, 가족, 친구, 집 같은 개인적인 삶의 조건이
다른 사람들의 평판보다 백 배는 더 중요하다.

으로 기울어지지 않는다. 이 두 요소들을 서로 비교하고 보상하는 것은 무의미하고 불가능하기 때문이다.

결정적인 순간에는 누구든지 외적인 것들을 포기하고 본질적인 행복을 선택하는 것에 주저하지 말아야 한다. 진정한 삶은 다른 사람의 시선이 아니라 자신의 피부 속에 있다는 단순한 진리를 제대로 깨달을 수 있다면 행복해질 수 있다. 그러니까 결국 <u>**우리의 건강, 성격, 능력, 수입, 가족, 친구, 집 같은 개인적인 삶의 조건이 다른 사람들의 평판보다 백 배는 더 중요하다. 이것을 모르면 결국 불행해질 수밖에 없다.**</u>

"명예가 삶보다 소중하다"는 주장은 결국 자신의 삶이나 행복보다 남들이 나를 어떻게 보는지가 훨씬 더 중요하다는 말과 같다. 물론, 세상에서 무언가 성취하려면 평판, 즉 다른 사람들이 나에 대해 어떻게 생각하느냐를 고려해야 한다는 평범한 이치를 좀 과장해서 표현한 것일 수 있다. 이에 대해서는 조금 있다가 다시 다룰 것이다.

잘못된 삶의 목표

우리는 수많은 수고와 위험을 감수하면서 지위, 훈장, 재산, 심지어 지식(주석32)이나 예술 등 많은 것을 얻기 위해 애쓰며 살고 있다. 하지만 이런 것들이 결국엔 다른 사람들의 눈에 자신을 더 돋보이게 하기 위한 것이라면 참으로 서글프지 않나?

다른 사람의 시선에 대해 지나치게 높은 가치를 두는 것은 어디에서나 흔하게 볼 수 있는 실수다. 어쩌면 인간 본성에 뿌리를 두고 있거나, 문명과 사회 구조 자체가 만들어낸 결과일 수도 있다. 그 근원이 무엇이든, 이런 잘못된 생각은 우리가 하는 모든 일에 너무나 큰 영향을 주고, 결국 행복에도 도움이 되지 않는다.

우리는 사람들의 다양한 감정의 흐름을 살펴볼 수 있어야 한다. 사람들은 다른 사람들의 말 때문에 소심해지고 비굴해지기도 하지만 때로는 더 격렬해지기도 하기 때문이다. 버지니우스가 딸의 심장에 칼을 꽂게 만든 감정처럼 말이다. 명예를 위해 평화로운 삶이나 재산, 건강, 심지어 목숨까지도 기꺼이 내던지는 경우도

우리는 수많은 수고와 위험을 감수하면서 지위, 훈장, 재산,
심지어 지식이나 예술 등 많은 것을 얻기 위해 애쓰며 살고 있다.

있다.

이런 감정은 주변 사람들을 통제하거나 지배할 수 있는 사람들에게는 참으로 편리한 도구가 될 수도 있다. 그래서 인류를 바른 길로 이끌기 위한 교육이나 훈련에서는 늘 명예심을 유지하거나 강화하려는 것이다.

하지만 행복에 미치는 영향에 있어서는 완전히 다른 문제다. 여기서 그 이야기를 해볼까 한다. 행복을 위해서는 다른 사람들의 생각에 너무 큰 의미를 두지 않도록 주의해야 한다. 그런데 우리는 일상생활에서 이런 실수를 계속 저지르고 있다. 대부분의 사람들은 자기 마음 안에서 벌어지는 일들보다는 남들이 어떤 생각을 하고 있는지에 너무 많이 신경 쓰고 있다. **남보다는 나를 먼저 생각해야 하는 게 당연한 순서인데, 그 순서를 뒤집는 것은 정말 큰 실수다.**

남들의 평가를 자신의 진짜 모습으로 여기고 자신의 마음은 혼자서는 존재할 수 없는 그림자처럼 취급한다. 나무로 비유하면 남의 생각은 큰 줄기로, 자신의 진짜 모습은 거기서 튀어나온 가지처럼 여기는 것이다.

실제로 존재하지도 않는 것에서 삶의 진실을 얻으려

하다 보면 어리석은 실수를 하게 된다. 바로 허영심의 함정에 빠지는 것이다. 허영이라는 말은 실체도 없고, 본질적인 가치도 없는 것을 가리킬 때 딱 맞는 단어다. 수단에 집착하다 진짜 목적을 잊어버리는 사람들에게 딱 어울리는 말이다.

허영심의 뿌리

우리는 남들의 생각에 가치를 부여하고, 그 가치에 부합하기 위해 계속 노력하고 있다. 하지만 우리가 얻는 것에 비하면 부질없는 노력에 불과하다. 이토록 남들의 태도에 대해 신경 쓰는 것에 어쩌면 우리 모두 집착하고 있는지도 모른다.

우리가 무슨 일을 할 때 머릿속에 가장 먼저 떠오르는 질문은 '사람들이 어떻게 생각할까?'이다. 삶에서 겪는 고민과 성가신 일들의 절반 정도는 이런 걱정에서 비롯된다. 이런 불안한 감정이 자존감의 바닥에 흐르게 된다. 허영과 가식의 밑바탕에도 이런 걱정이 깔려

―――――
남들의 시선에 너무 신경 쓰다 보면
굴욕적인 감정을 느끼게 된다.

있다.

그래서 남들의 시선에 너무 신경 쓰다 보면 굴욕적인 감정을 느끼게 된다. 이런 걱정이 없었다면 우리가 저지르는 허영과 사치도 거의 생기지 않았을 것이다. 자존심, 체면, 예의, 격식 등도 마찬가지다. 결국 남들의 시선 때문에 마음속에서 스멀스멀 불안이 생겨난다. 이런 불안 때문에 우리는 큰 희생을 감수하고 있는 것이다.

아이들도 허영심과 사치심을 가지고 있지만, 사실 이것들은 인생의 모든 시기에 나타난다. 나이를 먹으면서 더 강하게 드러날 뿐이다. 감각적인 쾌락이 줄어들면서 허영심과 자존심이 더 커지고 탐욕스럽게 빈자리를 차지하기 때문이다.

허영심이 만든 극단적 사례

다른 사람의 의견에 과도하게 신경 쓰는 심리를 특히 잘 보여주는 좋은 예를 소개한다. 1846년 3월 31일자 타임즈(Times) 지에 실린 기사다. 이 기사는 토마스 윅스라는 견습공을 처형하는 것에 대해 자세히 다루고 있다. 토마스 윅스는 복수심으로 자신의 스승을 살해했다. 이 사건에는 아주 특별한 상황과 기이한 인물이 등장한다. 인간의 본성에 뿌리 깊게 자리 잡고 있는 어리석음이 얼마나 극단적인 결과를 초래할 수 있는지를 생생하게 보여준다.

기사에 따르면 사형집행 당일 아침 목사가 기도하기 위해 윅스를 찾아왔다고 한다. 윅스는 조용한 태도를 보였지만 목사의 기도에는 아무런 관심이 없었다. 오히려 자신의 비참한 결말을 보기 위해 모인 수많은 사람들 앞에서 '용감하게' 자신의 무죄를 주장하려는 것 같았다.

처형장으로 가는 길에서 윅스는 거침없이 앞으로 나아갔다. 예배당 뜰에 입장하면서 주변 사람들이 충분히 잘 들을 수 있는 큰 목소리로 이렇게 말했다고 한다.

"이제, 도드 박사가 말했듯이, 곧 '거대한' 비밀이 드러나겠군!"

그에게서 죄책감 같은 것은 찾아볼 수 없었다.

사형대에 다다르자 이 불쌍한 남자는 아무런 도움도

받지 않고 스스로 단상 위로 올라섰고, 단상의 중앙에 서서 사람들을 향해 고개 숙여 인사했다. 그러자 그 아래 모인 타락한 군중들 사이에서 엄청난 환호성이 터져 나왔다.

이 사건은 사형집행을 앞둔 사람이 끔찍한 죽음 앞에서도 자기를 보기 위해 모인 구경꾼들에게 어떤 인상을 남길 것인지, 그들의 기억에 어떤 모습으로 남을 것인지에만 몰두하고 있는 것을 보여주는 좋은 사례이다.

국왕을 암살하려 한 혐의로 프랑크푸르트에서 처형된 르콩트의 경우도 비슷하다. 르콩트는 1846년에 처형되었다. 그는 재판장에서 좋은 옷을 입고 출석할 수 없게 하니 매우 불만이었다. 처형 당일에는 면도를 하지 못해서 특히 슬퍼했다고도 한다.

이런 일은 과거부터 지금까지 계속 일어나고 있다. 마테오 알레만(스페인의 소설가)은 그의 유명한 소설 『구스만 데 알파라체』의 서문에서 죽음을 앞둔 수많은 범죄자들이 마지막 순간에 자신의 영혼을 준비하는 시간을 가지지 않고, 교수대에 올라가서 할 말을 준비하고 암기하

―――――

르콩트는 재판장에서 좋은 옷을 못 입게 하니 매우 불만이었다.

는 데 몰두한다고 말했다.

   너무 극단적인 사례인가? 그럼에도 불구하고 이런 사례들은 우리의 본성을 가장 정확하게 보여준다는 것을 부인할 수는 없다. 우리 모두가 느끼는 **불안, 걱정, 짜증, 귀찮음, 고민 등의 대부분은 다른 사람들의 생각과 말에 대해 너무 신경 쓰고 두려워하기 때문에 생기는 것이다.** 심지어 시기심과 증오조차도 이런 불안한 마음에서 비롯되는 경우가 많다. 그런 면에서 보면 우리도 앞에서 소개한 비참한 범죄자들과 다를 바가 없는 셈이다.

마음의 평화를 위한 선택

   행복은 아주 대단한 명제가 아니다. 행복의 대부분은 마음의 평화와 만족감에서 비롯되는 것이기 때문이다. 그리고 남들의 의견은 대개 부정적인 것들이 많다. 그런 것들을 그들의 말투로 모두 듣는다면 죽을 만큼 고통스러울 수도 있다.

남의 눈치를 보지 않고 살아야
우리의 살을 찌르고 들어오는 가시 같은 고통에서 벗어날 수 있다.

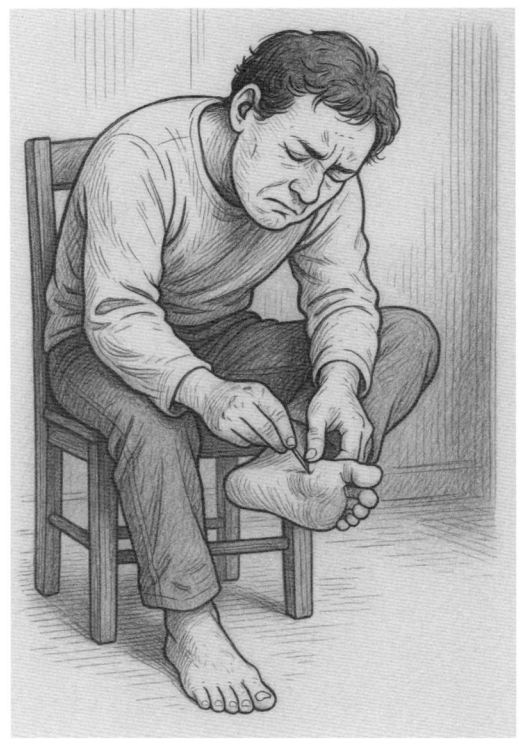

그렇다면 우리는 무엇을 해야 할까? 바로 지금까지 말한 인간의 본성에서 비롯되는 충동, 즉 남의 눈치를 보느라 안절부절하는 불안을 적당한 수준까지 낮추는 것이다. 남의 눈치를 보는 불안의 크기를 지금의 50분의 1 정도로만 줄여도 괜찮다. 그렇게만 해도 우리의 살을 찌르고 들어오는 가시 같은 고통에서 벗어날 수 있다. 물론 쉽지는 않을 것이다. 남의 눈치를 보는 성향은 인간 본성의 어두운 곳에 깊이 자리 잡고 앉아서 건강한 마음을 왜곡시키기 때문이다.

타키투스(고대 로마의 역사가)는 이렇게 말했다.

"명예욕은 지혜로운 사람조차도 마지막까지 떨쳐내기 어려운 욕망이다."(주석33)

이런 보편적인 욕망을 멈추는 유일한 방법은 그것이 정말로 어리석은 짓이라는 것을 명확히 인식하는 것이다. 그러기 위해서는 다른 사람들의 의견들이 틀렸거나, 왜곡되었거나, 오류가 있거나, 터무니없는 것일 수도 있다는 것을 우리 스스로 인정해야 한다. 나에 대한 남들의 의견들은 처음부터 신경 쓸 만한 가치가 없었던 것들이다. 우리 삶에 실제로 어떠한 영향을 끼칠 만한 힘이 없다는 것을 우리 스스로 인정하고 명심해야 한다.

여기서 하나 더 강조하고 싶다. 명예 역시 우리 자신에게 중요한 것은 아니다. 우리 자신의 가치를 직접적으로 높여주는 것이 아니라 부수적으로 따라붙는 꼬리표에 불과한 것이다. 어리석은 생각에서 벗어날 수만 있다면 마음은 상상도 할 수 없을 정도로 편안해지고 삶은 즐거워질 것이다. 결과적으로 사람들은 훨씬 더 당당하고 자신 있게 세상에 맞설 수 있을 것이다.

은둔하는 삶은 마음의 평화에 크나큰 도움을 줄 수 있다. 그 이유는 아주 간단하다. 다른 사람들의 시선에서 벗어날 수 있고 그들의 끊임없는 참견에 신경 쓸 필요도 없기 때문이다. 한마디로 말하면, 우리 자신을 보다 빠르고 쉽게 되찾을 수 있다는 것이다.

게다가 상당히 많은 불행을 피할 수도 있다. 불행은 우리가 헛된 그림자를 따라다니기 때문에, 좀 더 정확하게 말하면 마음을 갉아먹는 허영을 즐기기 때문에 찾아온다. 어리석은 허영심에서 벗어나면 마음을 괴롭히는 것들의 방해를 받지 않고, 좀 더 현실적인 일에 집중할 수 있다. 물론 이런 삶을 산다는 것은 쉽지 않을 수도 있다. 가치 있는 일을 하는 것은 어려운 일이기 때문이다. 그래도 우리 모두 자신의 마음을 괴롭히는 일은 하지 않도록 하자.

Section 2
자긍심, 자랑스러워 하는 마음

우리가 지금 이야기하고 있는 인간 본성의 어리석음은 세 가지 형태로 나타난다. 바로 야망, 허영심, 자긍심이다. 그중에서 허영심과 자긍심은 비슷해 보이지만 서로 다른 감정이다.

자긍심은 자신이 우월하다는 믿음이 단단히 자리 잡은 상태다. 허영심은 다른 사람들의 마음속에 그런 믿음이 솟아나게 하고 싶은 욕망이고, 궁극적으로는 자신도 그런 확신을 갖고 싶어 하는 은밀한 기대감이 숨어 있다.

자긍심은 우리 내부에서 작동한다. 자기 자신에 대한 직접적인 평가라고 할 수 있다. 반면에 허영심은 이런 평가를 외부에서 간접적으로 얻으려는 욕망이다. 그래서 허영심이 강한 사람들이 꼭 알아야 하는 게 있다. 좋은 평가는 말을 많이 해서 얻어지는 것이 아니라는 것이다. 말하고 싶은 좋은 말들이 아무리 많더라도 오히려 침묵을 지키는 것이 더 도움이 될 수도 있다. 진정으로 자긍심이 있는 사람은 다른 사람의 자긍심에 영향을 끼치려 하지 않는다. 이런 가식적인 태도는 오래 가지 못하고 곧 들통나기 때문이다.

이런 의미에서 자긍심은 남과 다른 특별한 가치가 있다는 확신이다. 물론 그 믿음은 착각일 수도 있고 우발적이거나 관습적인 것일 수도 있다. 그렇다고 해도 그 믿음이 진심에서 우러난 것이라면 진정성이 있다고 할 수 있다. **자긍심에 있어서 최악의 적이면서 가장 큰 걸림돌은 허영심이다.** 허영심은 좋은 평가를 받기 위해 세상의 환심을 사려 하기 때문이다. 반면에 자긍심은 이미 내면에 자리 잡은 확신에 기초하고 있다.

자긍심에 대한 편견

자긍심을 비난하고 좋지 않은 것으로 깎아내리는 사람들이 있다. 실제로는 자랑할 만한 것이 없는 사람들이 그렇게 떠들곤 한다. 참으로 무례하고 어리석은 사람들이라고 할 수 있다.

만약 여러분이 다른 사람보다 우월한 재능이나 장점을 가지고 있다면 그 재능과 장점을 잊지 않기 위해 각별히 노력해야 한다. 평범한 사람들과 어울리다 보면 그 재능을 잃어버릴 수도 있기 때문이다.

자신의 특별한 재능과 장점을 잘 숨기고 사람들의 수준에 맞추어 준다면 그들도 여러분을 자연스럽고 솔직하게 대할 것이다. 이 말은 우월한 재능을 타고난 사람들에게 꼭 건네고 싶은 조언이기도 하다. 계급이나 직함처럼 눈과 귀로 쉽게 확인할 수 있는 것들이 아니라, 순수하게 자신만 알고 있는 재능을 타고난 사람들에게 말이다.

이런 사람들은 스스로 조심하지 않으면 주변 사람들에게 업신여김을 당할 수 있다. 친해지면 무례해지는 사람들이 많기 때문이다. "돼지가 미네르바를 가르친다"는 로마 속담처럼 참으로 어처구니없는 상황이 벌어지는 것이다.

"노예와 농담하라. 그러면 노예의 발뒤꿈치를 볼 것이다"라는 아라비아 속담도 꽤 적절한 비유다. 노예에게 만만하게 보이면 노예가 도망간다는 의미이다. 그리고 호라티우스는 이렇게 말했다.

"당당하게 성취한 것에 대해 자긍심을 가져라."

겸손을 미덕처럼 말하는 것은 어리석은 사람들에게만 좋은 일이다. 왜냐하면 모두가 스스로 바보인 것처럼 말해야 하는 상황이 벌어지기 때문이다. 이건 진정한 평등이 아니라 하향평준화일 뿐이다. 이렇게 되면 세상에 바보만 넘쳐나는 것처럼 보이지 않을까?

국가에 대한 자존심

 자긍심 중에서 가장 수준 낮은 것은 국가에 대한 자긍심이다. 자기 나라를 자랑스러워하는 것은 당연한 일이다. 하지만 그 정도가 과한 사람이 있다. 이런 사람은 스스로에게 자랑스러워할 만한 것이 없기 때문에 국가에 대한 자긍심을 과도하게 내세우려 한다. 그렇지 않다면 너무나 당연한 가치를 내세울 이유가 없다.

 훌륭한 자질을 가지고 있는 사람은 자신이 속한 나라가 어떤 면에서 부족한지를 파악할 준비가 되어 있다. 당면한 문제들이 눈앞에 있으니 더 잘 보일 수밖에 없지 않을까?

 스스로에 대해 자랑스러워할 만한 것이 없는 불쌍한 사람들이 마지막으로 매달리는 게 바로 국가에 대한 자긍심이고, 누군가 자기 나라의 잘못된 점을 비판하면 악착같이 물고 늘어진다. 열등감을 조금이라도 보상받고 싶은 것이다.

 예를 들면, 자기가 속한 나라의 수준 낮은 편협함을 누군가 정당한 근거를 제시하며 이야기하면 대부분 싫어

"도이체 브루더!(독일 형제들이여!)"를 외치는 사람들이나 대중을 현혹하고 자극하는 선동가들은 참으로 위선적이다.

할 것이다. 그런 의견을 인정하고 받아들이는 사람은 50명 중에 한 명도 안 될 것이다. 지적 수준이 높은 사람만 그런 비판을 인정한다.

독일인들은 국가에 대한 자긍심이 없어서 문제라고 떠드는 사람들이 있다. 물론 이 말은 대단한 애국심을 가지고 있는 척하는 사람들이 다른 사람들을 살짝 비꼬듯이 하는 말이다. 예를 들면, "도이체 브루더!(독일 형제들이여!)"를 외치는 사람들이나 대중을 현혹하고 자극하는 선동가들인데 참으로 위선적이다.

예전에 화약을 독일인이 만들었다고 말하는 사람들을 본 적이 있는데 그렇게 믿을 만한 근거가 없다. 리히텐베르크(독일의 물리학자)는 이렇게 묻는다.

"독일인이 아닌 사람은 왜 독일인인 척하지 않을까? 그리고 굳이 어느 나라 사람인 척하려고 한다면 왜 프랑스인이나 영국인인 척하려 할까?"[주석34]

리히텐베르크는 독일이 그렇게 매력적으로 보이지 않는다는 것을 딱 꼬집어 말하면서 선동가들의 위선을 비판한 것이다.

진정한 개별성의 가치

 개인의 특별한 재능을 평가할 때는 수천 배는 더 주의를 기울여야 한다. 아무리 국가적인 자긍심을 강조해도 개인이 보유한 개별성이 국적보다 훨씬 더 가치가 있기 때문이다.
 다른 나라를 찬양하면서도 또 다른 나라에 대해서는 혐오감을 느낀다. 그러다 보면 모든 나라가 다른 나라를 비웃고 조롱하면서 모두 스스로 옳다고 생각할 것이다. 그렇기 때문에 국가를 찬양하는 동시에 정직하게 말하는 것은 불가능해 보인다.
 국민성이라는 말은 결국 인간의 하찮음, 비뚤어짐, 비열함이 나라별로 어떻게 드러나는지를 보여주는 또 다른 말일 뿐이다.
 앞서 말했듯이 이 장에서는 우리가 세상에서 어떤 모습으로 나타나는가, 즉 우리의 모습이 다른 사람들의 눈에 어떤 모습으로 비치고 어떻게 평가받고 있는가에 대해 다루고 있다. 이와 관련된 주제는 세 가지 항목으로 나눠볼 수 있는데, 지위(계급), 명예 그리고 명성이다. 그럼, 바로 이어서 이야기하겠다.

Section 3
지위, 나에게 붙은 딱지

우선 계급에 대해 이야기해 볼까? 몇 마디면 끝낼 수 있는 주제이긴 한데 일반 대중들의 눈에는 중요해 보이기도 하고, 국가 시스템 안에서 꽤 쓸모 있는 역할을 하는 것도 사실이다.

계급이라는 것은 순수하게 전통적인 가치를 갖고 있지만, 자세히 들여다보면 일종의 가식이다. 인위적으로 존경을 강요하는 것은 코미디라고 생각한다. 조금 과하게 말하면 계급은 일종의 표식 같은 것이지만, 그 표식이 정당하지 않으면 아무도 그 표식을 믿지 않는다.

다른 예를 들어 볼까? 훈장은 여론을 담보로 발행한

정당한 이유 없이 아무에게나 훈장을 수여하면
그 가치는 사라질 것이다.

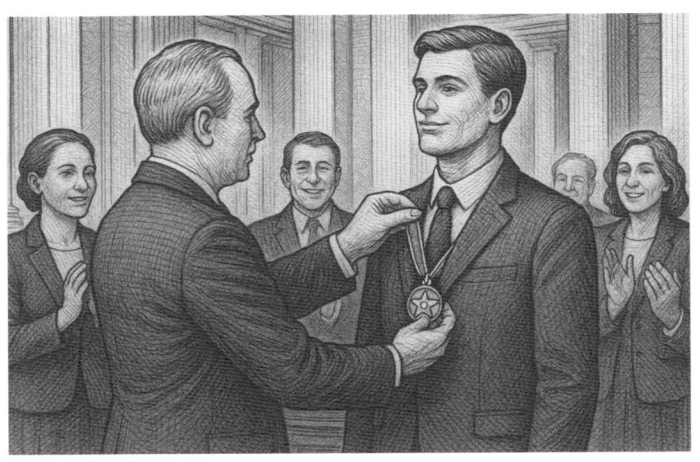

일종의 어음과 같고, 발행된 어음의 가치는 발행한 사람의 신용에 따라 결정된다. 만약 연금 대신에 이런 것을 주면 나라 입장에서는 큰돈을 아낄 수도 있을 것이다. 신중하게 잘 판단해서 수여한다면 유용한 역할을 할 수도 있다고 생각한다. 그래서 국가 시스템 안에서 정당한 절차와 판단으로 결정해야 하는 것이다. 그런데 사람들에게는 눈과 귀가 있어도 판단력은 많이 부족하고, 심지어 기억력도 형편없다는 것이 문제다.

국가가 하는 일들 중에는 우리의 이해를 넘어서는 어려운 일들이 많다. 물론 잠깐 관심을 끌다가 잊혀지고 사라지는 것들도 많다. 그래서 십자가 모양이나 별처럼 생긴 훈장으로 사람들에게 "이 사람은 너희하고는 달라. 뭔가를 해낸 사람이니까"라고 분명히 말하는 것도 상당히 의미가 있다고 생각한다. 하지만 불공평하거나 정당한 이유 없이 아무에게나 나누어주면 그 가치는 사라질 것이다. 그래서 신중하고 정당한 절차에 따라 훈장을 수여해야 한다. 사업가가 어음에 서명하는 것처럼 말이다. 그렇지 않으면 그 가치를 유지할 수 없다.

공로를 위한 훈장이라고 따로 새기는 것도 불필요하

다. 일종의 동어반복이라고 할 수 있다. 훈장은 당연히 특별한 일을 한 사람들에게 수여하는 것이다. 계급이나 지위도 마찬가지다. 인위적인 표시이지만 사회 또는 조직 안에서 의미가 있으려면 정당한 절차와 평가를 거쳐서 부여해야 한다. 그래야 사람들에게 인정을 받는 가치를 유지할 수 있다.

Section 4
명예, 지켜야 하는 마음

명예는 계급이나 지위보다 훨씬 더 크고 복잡하며 다루기 어려운 문제이다. 우선 그에 대한 정의부터 내려보자.

만약 "명예는 외적인 양심이고, 양심은 내적인 명예이다"라고 한다면, 많은 이가 고개를 끄덕일지도 모르겠다. 그러나 이 정의는 그럴듯하게 들리는 언어유희일 뿐, 실질적인 내용을 담고 있지도 문제의 핵심을 찌르지도 못한다.

그래서 나는 이렇게 정의하고자 한다. 명예란 객관적으로는 '다른 사람들이 우리에게 부여하는 가치'이고, 주관적으로는 '그런 평가에 대한 우리의 두려움'이다. 주관적인 측면에서 볼 때, 명예로운 사람의 감정은 때로는 매우 건강한 영향력을 행사하며 도덕성을 대체하기도 한다. 완전히 타락한 인간이 아니라면 누구나 마음속에 명예심과 수치심을 지니고 있다.

 명예가 어디서든 특별한 가치로 인정받는 이유는 무엇인가? 인간은 홀로 설 수 있는 존재가 아니기 때문이다. 우리는 사회 안에서만 온전한 능력을 발휘할 수 있다는 사실을 깨달으며 성장한다. 그리하여 사회에서 쓸모 있는 구성원으로 보이고자 하는 욕구가 마음속에서 자라난다. 우리는 사회 구성원으로서 역할을 다하고 그에 합당한 혜택을 누리고자 한다.

 사회에서 능력 있는 구성원으로 인정받으려면 두 가지가 필요하다. 첫째는 어디서든 요구되는 보편적 의무를 다하는 것이고, 둘째는 자신이 처한 위치에서 요구되는 특수한 의무를 다하는 것이다. 이러한 의무를 이행하는 과정에서 우리는 자신의 평가보다 타인의 평가가 중요함을 알게 된다. 그래서 사람들에게 좋은 인상을 남기는 것이 자신의 삶에 지대한 가치가 있다고 믿으며 부단히 노력한다.

바로 이 지점에서 명예심, 다른 한편으로는 수치심이 인간의 본성에서 발현된다. 이 감정 때문에 우리는 아무런 잘못을 하지 않았는데도 타인의 시선 앞에 서면 얼굴을 붉히는 것이다. 반대로, 다른 사람들이 나를 좋게 보고 있다는 확신만큼 우리에게 큰 용기를 주는 것은 없다. 이는 사람들이 나를 돕고 보호해 줄 것이라는 믿음이다. 이는 살면서 부딪치는 고난을 견디게 하는 강력한 버팀목이 된다.

우리가 맺는 다양한 관계 속에서 명예는 여러 형태로 나뉜다. 주로 재산 관계, 약속 이행 그리고 남녀 관계에 따라 그 모습이 달라진다. 이를 요약하면 시민적 명예, 공적 명예, 성적 명예로 나타나며, 각각은 다시 세분화된다.

시민적 명예는 사회와 개인에게 가장 폭넓게 영향을 미치며, 타인의 권리를 무조건 존중한다는 전제에서 출발한다. 즉, 원하는 것을 얻기 위해 부당하거나 불법적인 수단을 결코 사용하지 않아야 한다는 것이다. 이것이야말로 사람들 사이에 평화로운 관계를 유지하는 기본 조건이다. 시민적 명예의 근간에는 도덕적 품성은 바뀌지 않는다는 믿음이 자리한다. 나쁜 짓을 한 사람은 비슷한 상황에서 또다시 같은 행동을 저지를 거라고 생각한다. 그래서 명예는 한 번 잃으면 다시 회복할 수 없는 것이다.

모욕은 온갖 비방을 압축한 요약본에 불과하다. 누군가 심한 욕설로 상대를 괴롭힌다면, 이는 비난에 대한 정당한 근거가 없음을 스스로 드러내는 행위이다. 이유나 증거는 생략한 채 근거 없는 결론만 내뱉으며 남들이 믿어주기를 바라기 때문이다.

시민적 명예는 너무나 중요하기에 결코 무시되어서는 안 된다. 약속을 어긴 자는 영원히 신뢰를 잃을 것이며, 그 결과는 치명적이다. 그런 면에서 명예는 명성과 반대로 작동한다. 명예는 우리가 특별하다는 것을 의미하는 것이 아니라 마땅히 지켜야 할 기준을 충족한다는 것을 의미한다. 반면에 명성은 지켜야 하는 것이 아니라 얻어지는 것이다. 다시 말해, 명예는 잃지 말아야 하는 것이

명예는 한 번 잃으면 다시 회복할 수 없다.

고, 명성은 얻어야 하는 것이다. **명성을 잃으면 무명의 상태로 돌아갈 뿐이지만, 명예를 잃으면 그 빈자리를 수치심이 차지하기에 상황은 더욱 나빠진다.**

명예를 지키는 것은 전적으로 우리 자신에게 달려 있다. 명예는 우리의 말과 행동으로 평가받기 때문이다. 명예를 외부에서 공격할 유일한 무기는 중상모략뿐이며, 이에 맞서려면 공개적으로 반박하고 그것을 유포한 사람의 정체를 폭로해야 한다. 우리는 나이 든 사람에게 무조건적인 존경을 보내지 않는다. 우리가 경의를 표하는 대상은 나이가 아니라 평생에 걸쳐 자신의 명예를 흠 없이 지켜냈음을 삶을 통해 증명한 인물이다. 젊은이는 아직 그것을 증명하지 못했지만, 지켜낼 명예가 있고 또 그러리라고 믿어주어야 한다. 경험이 많다는 것은 인생을 살아가는 방식을 더 잘 안다는 것일 뿐, 결코 존경의 대상이 될 수는 없다. 그럼에도 불구하고 하얗게 센 머리에 존경의 마음이 생기는 것은 인간이 지니고 있는 흥미로운 본능이다. 주름살이 노화를 더 확실하게 보여주는 표시임에도 '존귀한 주름'이라는 표현은 없지만, '존경스러운 백발'이나 '백발의 지혜'라는 말은 흔히 쓰이지 않는가!

우리의 명예는 타인에게 간접적인 가치를 지닐 뿐이다. 타인의 평가는 그들의 행동에 영향을 주고, 그 행동은 우리가 그들과 관계를 맺을 때에만 우리에게 영향을 미친다. 물론 사회 안에서 타인의 신뢰를 얻는 것은 중요한 문제이다. 그럼에도 그것이 직접적이고 중요한 가치를 지닌다는 주장에는 동의하기 어렵다. 키케로(Cicero) 역시 같은 생각이었다.

나는 크리시포스(Chrysippus)와 디오게네스(Diogenes)의 말에 전적으로 동의한다. 좋은 평판이라는 것은 그것이 아무리 쓸모 있다 한들 손가락 하나 까딱할 가치도 없다.(주석35) 엘베시우스(Helvetius) 또한 그의 저서 『정신에 대하여(De l'Esprit)』에서 이와 같이 결론을 내렸다. 우리는 명성 그 자체 때문에 명성을 사랑하는 것이 아니다. 단지 그것이 가져다주는 이득 때문에 사랑하는 것이다.(주석36) 수단은 결코 목적보다 중요할 수 없다. 그러므로 '명예는 목숨보다 소중하다'는 말은 숭고하게 들리지만, 실상은 터무니없는 과장이다.

공적 명예는 특정 직책을 맡은 사람에 대한 사회의 평

———

테미스토클레스는 조국을 위해 목숨을 바칠 준비가 되어 있었고,
용맹과 강인함을 갖추었다. 공적 명예를 갖춘 인물이다.

가이다. 사람들은 그가 직책 수행에 필요한 자질을 갖추기를 기대한다. 직위가 높을수록 더 큰 명예가 주어지며, 그 사람은 자신의 의무를 다해야 할 뿐만 아니라 자신과 직위에 대한 부당한 공격을 물리쳐야 한다. 군인의 명예 또한 이 범주에 속한다. 조국을 위해 목숨을 바칠 준비가 된 그들은 개인적인 용맹과 강인함을 갖추어야 한다.

성적 명예는 좀 더 세심하게 접근해야 한다. 모든 명예와 마찬가지로 이 또한 공익적 토대 위에서 접근해야 한다. 이 명예는 여성의 명예와 남성의 명예로 나뉜다. 여성의 명예는 순결과 정숙에 대한 사회의 일반적인 인식에 기반한다. 구조적으로 여성이 남성에게 많은 것을 의존해야 하는 상황에서, 여성 전체는 일종의 연대를 형성한다. 그들은 결혼 외에는 남성에게 자신을 허락하지 않음으로써 남성이 가진 부와 안정을 확보하고자 한다. 이 규칙을 어긴 여성은 연대에서 이탈한 배신자로 간주되어 다른 모든 여성에게 배척당하고 명예를 상실한다. 결혼의 서약을 깬 여성 또한 마찬가지이다.

그러나 이 명예의 가치는 절대적이지 않으며 상대적

일 뿐이다. 삶의 다른 목적을 초월하거나 생명보다 숭고한 목표는 아니라는 것이다. 순결 규범 때문에 목숨을 잃은 루크레티아(Lucretia)의 비극을 맹목적으로 찬양해서는 안 된다. 괴테의 작품 『에그몬트(Egmont)』에서 관객들이 기존의 규범에도 불구하고 클라라(Clara)에게 공감하는 것처럼, 규칙의 본래 목적은 사라지고 수단만 강요되는 일이 자주 발생한다.

성적 명예의 가치는 관습적인 것에 가깝다. 토마지우스(Thomasius, 독일의 철학자)에 따르면, 종교개혁 이전까지만 해도 많은 나라에서 여성의 순결을 명예와 연관 짓지는 않았다. 고대 바빌론의 밀리타(Mylitta) 신전의 관습은 말할 것도 없다.^(주석37) 사랑에 빠졌으나 제도적으로 결혼할 수 없는 남자에게 마음을 준 여자는 여성의 명예를 저버렸다고 비난받지 않았다, 하지만 종교개혁 이후 성적 명예를 지키기 위해 수많은 여성이 자신의 아이와 목숨을 희생하고 있으니, 이 원칙이 얼마나 부자연스러운지를 알 수 있다.

남성의 성적 명예는 여성의 명예 개념에서 파생된 것에 불과하다. 결혼을 통해 자신의 모든 것을 내어준 남성들은 아내에 대한 독점적 소유를 주장하며, 이를 서로 인정하는 암묵적 연대를 형성한다. 아내의 외도를 용납하는 남성은 동료 남성들에게 손가락질을 당하고, 자신 또한 부끄러움을 느낀다. 그러나 그 타격은 여성이 받는 것에 비하면 미미하다.

지금까지 이야기한 명예들은 시대와 장소를 막론하고 어디서나 존재해 왔다. 그러나 이들과는 전혀 다른 종류의 명예가 있다. 고대 그리스와 로마에는 없었으며, 오늘날 아시아 국가들에도 알려지지 않은 명예이다. 중세 유럽의 상류층과 그들을 모방하는 이들 사이에서만 존재하던 이 명예를 '기사도적 명예'라고 부른다.

기사도적 명예는 다음과 같은 원칙을 따른다.

첫째, 사람들이 우리에 대해 어떻게 생각하는지가 아니라, 그것을 어떻게 표현하는지가 중요하다. 타인이 마음속으로 우리를 아무리 경멸해도, 그 생각을 입 밖으로 내지 않는 한 우리의 명예는 손상되지 않는다. 그러나 단 한마디의 모욕이라도 내뱉는 순간, 우리의 명예는 심각하게 훼손되며 영원히 회복되지 못할 수도 있다. 즉,

기사도적 명예는 마음속에 있는 생각이 중요한 것이 아니라 실제로 무슨 말을 하느냐가 중요하다는 의미이다. 자신이 내뱉은 말을 취소할 수도 있고 그 말에 대해 사과할 수도 있다. 그러면 마치 애초에 그 말을 하지 않은 것 같은 상황이 된다. 그 말에 담겨 있던 생각이 진짜로 바뀌었는지, 또는 애초에 그런 말을 왜 했는지 등은 전혀 중요하지 않다. 내뱉은 말을 취소만 하면 그걸로 상황종료인 셈이다. 만약 우리가 이런 가치관을 가지고 행동한다면 억지로 존경받을 수는 있어도 진정한 존경은 받을 수 없을 것이다.

둘째, 자신이 무엇을 했는지가 아니라, 타인에게 어떤 일을 당했는지가 중요하다. 일반적인 명예는 자신의 언행으로 결정되지만, 기사도적 명예는 타인의 혀끝에서 결정된다. 아무리 고결한 사람이라도 가장 비천한 자의 모욕 한마디에 나락으로 떨어질 수 있다. "사람이 천박할수록, 말은 더 거침없다"[주석38]는 세네카(Seneca)의 말은 참으로 옳다. 인격이 부족한 소인배들은 자신보다 뛰어난 사람을 보면 참지 못하고 열등감을 모욕으로 표출한다. 괴테는 『서동시집(West-östlicher Divan)』에서 이러한 현상을 꿰뚫어 보았다.

> 왜 적들에 대해 불평하는가?
> 그런 사람들과 친구가 될 수 있겠는가?
> 너의 있는 그대로의 모습 그 자체가 그들에게는
> 조용히 그리고 영원히 지속되는 치욕일 텐데…

 기사도적 명예에서는 당한 만큼 되갚아야 한다. 모욕을 당하면 참지 말고 더 강하게 반박해야 하는 것이 기사도적 명예이다. 그렇지 않으면 부당한 평가를 인정하는 셈이다. 즉, 타인에게 무슨 일을 당했는지가 중요하다. 이처럼 피해자가 잘못한 것처럼 보이는 상황은 피고인이 직접 죄가 없음을 증명해야 하는 중세시대 형사 재판 과정과 비슷하다. 이런 기사도적 명예에서 모욕은 피로써 씻어내야 할 치욕이다. 그래서 피 터지는 결투로 목숨을 끊어낼 정도의 복수를 하는 것이다.
 셋째, 명예가 공격받았을 때 회복하는 유일한 길은 결투이다. 하지만 상대가 기사도적 규범을 따르지 않거나 이미 그 규칙을 어긴 자라면 결투는 성립되지 않는다.

기사도적 명예에서 명예가 공격받았을 때 회복하는
유일한 길은 결투이다.

그럴 때는 그 자리에서 즉시 응징해야만 명예를 회복할 수 있다. 혹은 '아방타주(Avantage)', 즉 더 큰 무례함으로 되갚아주는 방법도 있다. 따귀를 맞았다면 몽둥이로, 몽둥이에는 말채찍으로 응수하는 식이다. 이 모든 방법이 소용없다면, 결국 피를 보아야만 한다.

넷째, 모욕을 주는 행위는 그 자체로 명예로운 일이 된다. 상대방에게 모욕을 퍼붓는 순간, 정의와 명예는 내 편으로 넘어오고 상대는 명예를 잃는다. 그의 유일한 회복 수단은 총이나 몽둥이뿐이다. 이런 관점에서 보면 가장 무례한 자가 언제나 가장 옳은 자가 된다. 무례함은 지성과 진실, 통찰을 압도하는 가장 강력한 무기이다.

다섯째, 이 규범의 최고 재판소는 물리력, 즉 동물적 잔혹함이다. 이는 '힘이 곧 정의'라는 원칙의 다른 이름일 뿐이다.

마지막으로, 이 규범이 요구하는 유일한 약속은 '명예를 건 맹세'이다. 이 맹세만 지킨다면 다른 모든 약속은 어겨도 무방하다. 심지어 명예를 건 맹세조차 결투라는 만능열쇠로 쉽게 깰 수 있다. 반드시 갚아야 할 빚은 오직 도박 빚뿐이며, 이를 '명예의 빚'이라 부른다. 다른 모든 빚을 속여도 기사도적 명예에는 흠집 하나 나지 않는다.

이처럼 이상하고 야만적인 명예 규범은 결코 인간의 본성에서 비롯된 것이 아니다. 그 기원은 사람들이 머리보다 주먹을 더 많이 쓰고, 사제의 권력이 지성을 옭아매던 암흑시대, 즉 중세로 거슬러 올라간다. 당시 모든 분쟁은 '신의 판결'이라 불리는 결투로 해결되었다. 육체적 힘과 동물적 본성이 이성과 정의의 자리를 빼앗았던 것이다.

고대 그리스와 로마인들은 이런 편견이 전혀 없었다. 그들은 인간사를 자연스럽고 편견 없이 바라보았다. 소크라테스는 자신을 걷어찬 사람을 보고 친구가 놀라자 이렇게 말했다. "당나귀에게 걷어차였다고 해서 법정에 세워야 하는가?"[주석39] 누군가 "저 사람이 선생님을 욕하고 괴롭히지 않았습니까?"라고 묻자 "아니, 그가 한 말은 나한테 한 게 아니오"라고 답했다.[주석40]

세네카(Seneca)는 그의 저서 『데 콘스탄티아 사피엔티스(De Constantia Sapientis)』에서 모욕에 대해 길게

다루면서 지혜로운 사람은 모욕에 대해 전혀 신경 쓰지 않는다고 정리했다. 그리고 이렇게 말했다.

누군가에게 얻어 맞았을 때 현명한 사람은 어떻게 해야 하는가? 카토(Cato)는 어떻게 했는가? 누군가 카토(Cato)의 입을 때렸을 때 그는 화를 내지도 모욕감에 사로잡혀 복수하지도 심지어 같은 방식으로 때리지도 않았다. 그저 무시하고 넘어갔다.

이렇게 행동하는 사람은 철학자만 있다고 생각하는 사람이 있을 수도 있다. 나는 이렇게 다시 묻고 싶다. "그럼 당신은 멍청이인가? 정녕 그렇게 생각하는가?" 밖으로 보이는 현상이 아니라 그 속뜻을 알아주기를 바란다.

이러한 기사도적 명예 규범은 문명사회의 법치를 부정하고, 힘이 정의였던 야만 시대의 낡은 유물이자 자존심과 어리석음이 낳은 사생아이다. 기사도적 명예에 대한 미신을 타파하는 것이 중요하다. 모욕을 당하면 명예가 사라지고, 피로 되갚아야만 명예가 회복된다는 잘못

'지는 것이 이기는 것'이라는 평범한 진리에 도달한다면,
아테네와 로마처럼 품위와 교양이 숨 쉬는 사회를 만들 수 있다.

된 믿음은 사라져야 한다. 그렇게만 된다면 '지는 것이 이기는 것'이라는 평범한 진리에 도달할 수 있다.

빈첸초 몬티(Vincenzo Monti, 이탈리아의 시인)가 말했듯, 욕설은 교회 행렬과 같아서 항상 시작한 곳으로 되돌아온다. 모욕을 이런 식으로 받아들일 수 있다면, 우리는 더 이상 옳음을 증명하기 위해 더러운 말을 입에 담을 필요가 없을 것이다. 그리하여 지성이 존중받는 사회, 아테네와 로마처럼 품위와 교양이 숨 쉬는 사회를 만들 수 있다.

나는 지금 이 시대를 고대보다 어둡게 만드는 두 가지 괴물이 있다고 본다. 바로 현대의 명예와 질병이다. 이 둘은 환상의 단짝처럼 어울리며 인류에게 독을 퍼뜨려 왔다. 이 어리석은 악습에 정면으로 맞서 싸울 때가 왔으며, 철학이야말로 그 악습을 쓸어 없애버리는 유일한 빗자루이다.

국가가 결투를 진심으로 근절하고자 한다면, 피를 흘리지 않는 확실한 방법을 제안하겠다. 결투를 신청하거나 받아들인 자를 대낮에 광장에서 중국식 회초리로 열두 대를 때리는 것이다. 이런 처벌을 명예를 중시하는 자에게 내리면 자살할 수도 있다고 주장한다면, 나는 그런 바보라면 남을 쏘기보다 자신을 쏘는 것이 낫다고 답할 것이다. 그러나 국가는 이 문화를 없앨 생각이 없다. 명예는 제대로 된 보수를 받지 못하는 군인들에게 주어지는 일종의 보상이기 때문이다. 결투로 인한 희생은 결국 부족한 급여에 대한 피의 대가인 셈이다.

마지막으로 국가적 명예에 대해 간단히 언급하고 넘어가고자 한다. 국제 사회에는 최고 재판소가 없으므로 모든 것은 힘의 논리에 따라 작동한다. 국가는 신뢰를 주어야 할 뿐만 아니라 두려움의 대상도 되어야 한다. 따라서 국가적 명예는 법과 신뢰를 중시하는 시민적 명예와, 힘으로 자신을 지키는 기사도적 명예가 결합된 개념이다.

Section 5
명성, 얻어야 하는 마음

이제 명성에 대해 생각해 보자. 명성과 명예는 쌍둥이

형제, 즉 카스토르(Castor)와 폴룩스(Pollux)와 같다. 그 중 하나는 죽어야 할 운명이고 다른 하나는 불멸의 존재였듯이, 명성은 명예의 죽지 않는 형제이다.

명예는 우리 모두에게 기대되는 보편적 자질과 관련되어 있지만, 명성은 모두에게 기대할 수 없는 예외적 자질에서 비롯된다. 명예는 잃지 말아야 하는 것이지만, 명성은 특별한 업적을 통해 얻어야 하는 것이다. 업적으로 명성을 얻는 길은 두 가지가 있다. 하나는 위대한 마음으로 이루는 '행동'의 길이고, 다른 하나는 위대한 지성으로 이루는 '작품'의 길이다.

이 둘의 가장 큰 차이는 지속성에 있다. 행동은 순간에 그치지만, 작품은 영원히 남는다. **훌륭한 행동의 영향력은 기억의 한계 안에 갇히지만, 천재의 작품은 시대를 넘어 살아 숨 쉬며 후대에 영향을 미친다.** 알렉산더 대왕의 업적은 기록으로만 남았으나, 플라톤, 아리스토텔레스, 호메로스의 사상은 그들의 작품과 함께 지금도 생생하게 살아 있다.

행동으로 얻는 명성은 폭발적이지만 운에 크게 의존하며, 그 가치를 판단하는 증인들의 공정성을 담보할 수 없다. 반면 작품으로 얻는 명성은 더디게 알려지지만, 작품 자체가 영속하기에 그 가치는 변치 않는다. 처음에는 제대로 평가받지 못하더라도, 시간이 흘러 작품을 제대로 평가할 수 있는 통찰력 있는 사람을 만나게 되면 그 명성은 수백 년에 걸쳐 단단히 자리 잡는다.

작가나 사상가는 살아 있는 동안 자신의 작품이 제대로 평가받지 못할 수도 있다. 작품이 위대하고 독창적일수록, 동시대 사람들에게는 낯설게 느껴져 그 가치를 인정받기 어렵기 때문이다. 뿐만 아니라 그들의 작품은 동시대를 위한 것이 아니라 인류 전체를 위한 것이다. 세네카(Seneca)는 이를 꿰뚫어보고 이렇게 말했다.

> 마치 그림자가 본체를 따라다니듯이 명성은 가치를 따라다닌다.

또한 그는 "동시대인들의 시기 어린 침묵에 맞서, 결국 편견 없이 평가할 후대가 나타날 것"이라고 말했다. 좋은 것을 억누르고 나쁜 것을 띄우려는 '시기심 가득한 침묵의 음모'는 예나 지금이나 계속되고 있다.

일반적으로 명성이 오래 지속될수록 그 시작은 더디다. **후대까지 남는 명성은 더디게 자라는 참나무와 같고, 잠깐의 명성은 한해살이풀과 같으며, 거짓 명성은 하룻밤에 돋아나는 곰팡이와 같다.** 사람은 결국 자신과 비슷한 것만을 이해하고 인정할 수 있기 때문이다. 둔한 자는 둔한 것을, 평범한 자는 평범한 것을, 어리석은 자는 어리석은 것을 좋아한다. 에피카르무스(Epicharmus)가 일찍이 노래했듯이, 개는 개를, 소는 소를, 당나귀는 당나귀를 가장 아름답다고 여긴다. 시라크의 아들인 예수는 이렇게 말했다.

"어리석은 이에게 이야기하는 것은 잠자는 이에게 말하는 것과 같다. 이야기를 마치면 그는 물을 것이다. '그래서 무슨 말인가?'"(주석41)

괴테는 평범한 사람들이 가진 지적 무능력과 함께 도덕적 비열함, 즉 시기심을 지적했다. 새로운 명성을 얻은 사람은 남들보다 높은 곳에 서게 되고, 그를 보는 이들은 상대적 박탈감을 느낀다. 그는 『서동시집』에서 이렇

개는 개를, 소는 소를, 당나귀는 당나귀를
가장 아름답다고 여긴다.

게 말했다.

"우리가 다른 사람들에게 영광을 돌리면, 우리 스스로 불명예를 얻는 것이다."

이 때문에 사람들은 탁월함이 나타날 때마다 그것을 억압하려는 음모에 동참한다.

명성은 시기심의 공격을 물리쳐야만 얻을 수 있다. 위대한 업적을 이루고자 하는 사람은 대중의 의견에 휘둘리지 않고 때로는 그들을 무시할 수 있어야 한다. 오소리우스(Osorius)는 "명성은 그것을 좇는 자에게서 달아나고, 그것을 경멸하는 자에게 깃든다"고 말했다. 명성을 좇는 자는 대중의 취향에 맞추려 하지만, 명성을 멀리하는 자는 자신만의 길을 가기 때문이다.

명성은 얻기는 어려워도 지키기는 쉽다. 명성을 안겨준 행위나 작품은 사라지지 않기 때문이다. 시간이 흘러 사라지는 명성은 처음부터 거짓된 것, 이를테면 헤겔(Hegel)이 누렸던 명성처럼 정당성 없는 과대평가에 불과했다. 그의 철학은 말로 지은 기괴한 건축물이자 새가

버리고 떠난 둥지와 같아서, 후대인들의 비웃음을 살 것이다.

수업을 마치며

남에게 잘 보이려고 인생을 낭비하지 마라

행복은 우리 마음속의 넓고 따뜻함과 뛰어난 지성에서 비롯되는 것이지, 타인의 머릿속에 있는 허상에서 비롯되는 것은 아니다. 진정한 가치는 우리 안에 있으며, 명성은 그 가치가 우연히 밖으로 드러난 신호이자 사고(accident)일 뿐이다. 가치 있는 사람인지 아닌지가 타인의 생각에 따라 결정된다면 우리의 삶은 참으로 비참하지 않은가? 우리가 살아야 할 곳은 타인의 황폐한 머릿속이 아니라 우리 자신의 마음이라는 것을 명심하자.

진정으로 행복한 사람은 스스로를 진심으로 존경하고 대견하게 여기는 사람이다. 사람들이 그를 그냥 내버려 두기만 한다면 말이다. 명성을 얻지는 못했어도 명

―――――

여름 내내 잘 자라고 겨울이 되어서도
푸르게 빛나는 상록수 같은 명성을 얻는다면
여전히 젊고 살아 있다는 기분이 들 것이다.

성을 누릴 만한 가치가 있는 사람이 행복에 더 가까이 서 있다고 말할 수 있다. 이 사실만으로도 충분한 위로가 되지 않는가? 만약 누군가가 부럽다면, 그가 무지한 대중에게 추앙받기 때문이 아니라, 그 자신이 진정으로 가치 있는 사람이기 때문에 부러워해야 한다.

<u>사람을 진정으로 행복하게 만드는 것은 명성이 아니라, 명성을 낳는 풍요로운 지성이다. 자신의 재능을 펼칠 기회와 좋아하는 일에 온전히 몰두할 수 있는 여유가 있다면 행복한 사람이다.</u>

젊음과 명성을 동시에 누리는 것은 인간이 감당하기 힘든 축복일 수 있다. 인생은 척박하기에 좋은 것은 아껴두어야 한다. 젊음은 그 자체로 풍요롭기에 그것으로 만족하면 된다. 하지만 늙으면 가을에 나뭇잎이 지듯이 인생의 기쁨과 즐거움이 서서히 사라진다. 이때 여름 내내 잘 자라고 겨울이 되어서도 푸르게 빛나는 상록수 같은 명성을 얻는다면 여전히 젊고 살아 있다는 기분이 들 것이다. 그것이 행복이 아니겠는가!

옮긴이의 말

　쇼펜하우어는 우리가 추구해야 할 미덕은 지적인 성취라고 주장하는 철학자이다. 언제나 차갑고 냉정한 표현으로 우리가 사는 세계를 가장 객관적이며 이성적으로 바라보았고, 우리에게 가장 지혜롭게 살 수 있는 방법을 소개한 철학자이다. 이 책의 대주제인 행복에 대한 접근법도 마찬가지이다. 행복은 그 단어 자체만으로도 우리의 감성을 자극하지만 쇼펜하우어는 이 주제에 대해 여러 다른 철학자들의 말을 인용하면서 객관적이며 이성적으로 접근하고 있다. 결국 개인의 행복을 넘어서 당대 현실을 비판하는 사회적인 행복으로 주제를 확장한다. 쇼펜하우어가 죽은 지 200년이 훌쩍 지났음에도 그의 지혜가 오늘날에도 통용되고 있으니 참으로 놀랍다.

　이 책을 읽다 보면, "행복은 결국 마음의 문제야!"라고 소리치는 듯한 쇼펜하우어의 모습이 떠오른다. 하지만 그의 말은 달달하지도 않고 현실에 지친 독자들을 달래지도 않는다. 우리 안에 존재하고 사회에 존재하는 '마음'의 다양한 모습을 차근차근 설명할 뿐이다. '다양한 마음이 서로 영향을 미치며 우리를 움직이는 것이 아닐까?'라는 의문이 자연스럽게 떠오른다. 우리가 가진 몸은 하나이지만 마음은 그렇지 않다. 내 안에 있는 여러 마음들이 다양한 얼굴로 바깥을 바라보고 있다. 우리는 상황에 따라 만나는 사람에 따라 또는 마음의 상태에 맞게 가장 적합한 마음을 꺼내서 보여줄 뿐이다.

지금 우리가 겪고 있는 많은 일들과 사회에서 일어나는 많은 사건들은 결국 마음에서 비롯된 것이 아닐까? 사회는 여러 사람들이 모인 곳이고, 자연스럽게 여러 마음이 모인 곳이라고 말할 수도 있다. 그런 면에서 쇼펜하우어는 개인의 마음을 넘어서 '사회의 마음'까지 이야기를 넓히고 있다. 고정관념과 인습이 개인의 마음뿐만 아니라 '사회의 마음'까지 어지럽히고 있다는 것이 그의 생각인 듯하다.

끝으로 독자들이 이 책을 통해 쇼펜하우어가 그랬듯

이 자신의 마음을 객관적이며 이성적으로 바라볼 수 있기를 바라고, 쇼펜하우어가 말하는 행복은 과연 무엇인지 알아가는 기회가 되었으면 한다.

옮긴이 오광일

주석

- (주석1) 『니코마코스 윤리학(Nicomachean Ethics)』, I. 8.
- (주석2) 참조. Clemens Alex. Strom. II., 21
- (주석3) 『에우데모스 윤리학(Eudemian Ethics)』, 제7권 2장 37절
- (주석4) 『문제집(Problemata)』, 제30권, 1장
- (주석5) 『투스쿨라나에 논고(Tusculanae Disputationes)』, 제1권, 33장
- (주석6) 이 정신 상태에 대한 자세한 설명은 에스키롤(Esquirol)의 『정신 질환에 대하여(Des maladies mentales)』를 참조함.
- (주석7) 『일리아드(Iliad)』, 3, 65.
- (주석8) 양극단은 서로 만나기도 한다. 가장 낮은 문명 상태인 유목 생활이나 방랑 생활은 가장 높은 문명 상태에서 그 짝을 찾을 수 있는데, 모든 사람이 가끔씩 여행자가 되는 것

이다. 전자는 필요에 의한 것이었고, 후자는 지루함에 대한 치료법이다.

- (주석9)『집회서』, 22장 11절
- (주석10) 옮긴이의 주. 이 정도 수준의 카드 놀이가 과거의 일이 되었다는 것은 의심할 바가 아니다. 적어도 북유럽 국가들에서는 그렇다. 오늘날의 유행은 오히려 예술이나 문학에 취미가 있는 애호가들의 관심에서 비롯한 경향이 있다.
- (주석11)『에우데모스 윤리학』, 제7권 제2장(Eth. Eud., vii 2)
- (주석12) 바이예(Baillet)의『데카르트 전기(Vie de Descartes)』, 제7권 제10장(Liv. vii., ch. 10).
- (주석13)『전도서』, 7장 11절
- (주석14) 호라티우스,『서간집』, 제1권 제7편(Lib. 1., ep. 7.)
- (주석15) 아리스토텔레스,『니코마코스 윤리학』, 제1권 제7장 및 제7권 제13~14장
- (주석16) 스토바이오스(Stobaeus),『윤리학 선집(Eclogae Ethicae)』, 제2권 제7장
- (주석17) 루크레티우스(Lucretius),『De Rerum Natura』, 제3권, 1,073
- (주석18)『오디세이(Odyssey)』, 제4권, 805행

- (주석19) 루키아노스(Lucian), 『에피그라마타(Epigrammata)』, 제12편
- (주석20) 아리스토텔레스, 『니코마코스 윤리학(Eth. Nichom)』, 제10권 제7장
- (주석21) 아리스토텔레스, 『정치학』, 제4권 제11장
- (주석22) 소포클레스(Sophocles), 『안티고네(Antigone)』, 1347-1348행
- (주석23) 소포클레스(Sophocles), 『아이아스(Ajax)』, 554행
- (주석24) 『집회서(Ecclesiasticus)』, 22장 11절
- (주석25) 『전도서(Ecclesiastes)』, 1장 18절
- (주석26) 디오게네스, 『라에르티오스(Diogenes Laertius)』, 제10권, 제27장, p. 127 및 149 참조. 또한 키케로(Cicero), 『선과 악의 종말에 관하여(De finibus bonorum et malorum)』, 제1권 13장 참조함.
- (주석27) 『오디세이(Odyssey)』, 제18권, 130~137행
- (주석28) 헨리 6세 3부, 1막 4장
- (주석29) 옮긴이의 주. 쇼펜하우어는 아마도 여기서 헤겔을 맹렬하게 비판하고 있는 것 같다. 철학자들이 당시 정부에 대해 비굴하게 복종했기 때문일 것이다. 헤겔의 철학 체계는 많

은 자유주의적 사상의 풍요로운 어머니와 같았다. 하지만 헤겔이 살아 있는 동안 그의 영향력이 프로이센 관료제를 효과적으로 뒷받침했다는 것은 의심의 여지가 없다.

- (주석30) 호라티우스(Horace), 『서간시(Epistles)』, 제2권 제1편, 180행
- (주석31) 화려하고 멋진 삶을 살면서 인생에서 가장 높은 위치에 오른 사람들조차도 이렇게 말하는 게 당연하다. "우리의 행복은 완전히 우리 밖에 있다. 오직 다른 사람들의 머릿속에만 존재하기 때문이다."
- (주석32) 페르시우스(Persins), 『풍자시』, 1권 27행
- (주석33) 타키투스(Tacitus), 『Histories』, 4권 6장
- (주석34) 옮긴이의 주. 쇼펜하우어는 19세기 초반에 이 글을 썼다. 현시점에서 보면 훨씬 이전 시대에 쓰인 것이라는 점을 인정해야 한다. 오늘날의 독일 철학자라면 이런 어조로 글을 쓰는 사람은 거의 없을 것이다.
- (주석35) 키케로, 『선과 악의 목적에 관하여(De finibus bonorum et malorum)』, 제3권, 제17절
- (주석36) 엘베시우스, 『정신에 대하여(De l'Esprit)』, 제3담화, 제13절(원문에는 제17절로 표기되어 있으나 내용상 제13절

이 더 적합함.)

- (주석37) 헤로도토스, 『역사』, 제1권, 199절
- (주석38) 세네카, 『콘스탄티아에게(De Constantia)』, 제11장
- (주석39) 디오게네스 라에르티오스, 『유명한 철학자들의 생애와 사상』, 제2권, 21절
- (주석40) 디오게네스 라에르티오스, 『유명한 철학자들의 생애와 사상』, 제2권, 36절
- (주석41) 『집회서』, 22장 8절

쇼펜하우어의
행복 수업

1판 1쇄 인쇄 2025년 9월 5일
1판 1쇄 발행 2025년 9월 10일

지은이 쇼펜하우어
옮긴이 오광일

펴낸이 이윤규
펴낸곳 유아이북스
출판등록 2012년 4월 2일
주소 서울시 용산구 효창원로 64길 6
전화 (02) 704-2521
팩스 (02) 715-3536
이메일 uibooks@uibooks.co.kr

ISBN 979-11-6322-178-4 (03160)
값 16,800원

* 이 책은 저작권법에 따라 보호받는 저작물이므로 무단전재와 복제를 금지하며, 이 책 내용의 일부를 이용할 때도 반드시 지은이와 본 출판사의 서면동의를 받아야 합니다.

* 잘못된 책은 구입하신 곳에서 바꾸어 드립니다.